论语101字

鲍震 / 著　李力博 / 绘

插图解字版

东方出版中心

图书在版编目（CIP）数据

论语101字 / 鲍震著；李立博绘. 一上海：东方出版中心，2023.1
ISBN 978-7-5473-2086-0

Ⅰ. ①论… Ⅱ. ①鲍… ②李… Ⅲ. ①《论语》- 青少年读物 Ⅳ. ①B222.2-49

中国版本图书馆CIP数据核字（2022）第203103号

论语101字

著　　者　鲍　震
绘　　图　李力博
策　　划　刘佩英　张芝佳
责任编辑　费多芬
装帧设计　钟　颖

出版发行　东方出版中心有限公司
地　　址　上海市仙霞路345号
邮政编码　200336
电　　话　021-62417400
印 刷 者　上海丽佳制版印刷有限公司

开　　本　710mm × 1000mm　1/16
印　　张　18
字　　数　159千字
版　　次　2023年1月第1版
印　　次　2023年1月第1次印刷
定　　价　68.00元

序

鲍震博士近几年时不时在微信朋友圈及公众号“鲍震下书房”里发布他撰写的“《论语》101 字”相关文章，朋友圈里的多位好友也时不时地转发鲍震博士写的这些文字，褒赞之词颇多。也常有朋友转发给我，还要附上一句“看看别人家的孩子，写得多好，多有见识”，等等。实际上，鲍震博士写的这些说解《论语》中字、词的文章，我也大都读过，并同他有所讨论。后来，鲍震博士说要把这些文字集结起来汇集成册出版，邀我作个“序”什么的，我先是欣然答应，后又踌躇起来，迟迟没有动笔。原因是对《论语》这部博大精深的伟大典籍知之甚少，实不敢对跟《论语》有关的论著加以点评。后鲍震博士把他写好的大多数文章汇编发给我，我又认真读了读，深为鲍震博士的写作视角、文字功底、思想见识所折服，不想写也得写啦！

文化要自信，无疑是正确的，但中华文化的渊源在哪里呢？依我拙见，以《论语》为代表的儒家思想肯定是中华思想文化的一大源头。自《论语》问世，历代《论语》研究者可谓数不胜数，注释、说解、演绎《论语》的著作可谓汗牛充栋，观点各有千秋，视角变化多样。但我认为鲍震博士的《〈论语〉101字》在各类有关《论语》的著作中，视角尤为特别，可谓辟前人所未辟之视角。

《〈论语〉101字》每篇有如下部分组成：原文，即《论语》中的原文语句；英译，《论语》语句的英文翻译；注释，《论语》语句的注释；译文，《论语》语句的白话译文；解字，选择《论语》语句中关键汉字进行字的形、音、义说解，通过关键字展现《论语》的微言大义，让读者了解常用汉字的起源及其文化内涵，这应该是重点；说词，即用关键字（实为“语素”）组成常用词，以巩固读者对《论语》字词句和意义的理解。书中选择《论语》重要篇目68则，按照学习、交友、仪态、立志、社交、政事、孝悌等七个主题分类，基本覆盖了《论语》全书的主要思想。经过对这68则《论语》的学习，读者可以对孔子及其弟子的思想有较为完整、详细的了解。

全书由《论语》而通汉字，由汉字而连词成句，再由字词说解反哺对《论语》微言大义的识解。这一圆环是多么好的创意啊！

汉字重要。文字的产生使得人类进入文明时代，从世界文明史上看，汉字是世界上最古老的文字之一，而且汉字虽历数千年演变，但总体体系未变，因形表意是汉字的本质，这一本质也未变。汉字这一性质，对传承中华文化，维系国家统一，达成民族团结和民族文化融合发挥了无可比拟的作用。所以，汉字绝不仅仅是记录汉语的书写符号，也不仅仅是中华文化的载体，它本身就是中华文化的重要组成部分。诚如东汉许慎在《说文解字》“序”中所言，“言文者宣教明化于王者朝廷，君子所以施禄及下，居德则忌也”，“盖文字者，经艺之本，王政之始，前人所以垂后，后人所以识古”，“本立而道生”。由研究汉字形音义而形成的《小学》正是经学（经艺）的基础，必须通汉字才能通“经史子集”，甚至说才能通中华传统文化。这正是鲍震博士撰写《〈论语〉101 字》的立意所在。

鲍震博士的《〈论语〉101 字》不仅创意好，立意高，而且文字优美，从一个当代年轻人的视角来说解《论语》的字词，阐释《论语》的思想，不是板着脸说知识讲道理，而是娓娓道来，不枯不燥。同时，每一个汉字，都配以插图作为辅助。插图着重展现汉字的起源及演变过程，图文并茂的形式更能为低龄读者提供一目了然的阅读体验。可见，该书有很好的定位，就是面向 10—14 岁小学高年级及初中低年级学生，孩子们可以在学习《论语》重要篇章的同时，学到 101 个常用汉字，这也是初中生需要掌握的 101 个文言实词，因此本书在讲解汉字起源及文化内涵的同时，也帮助小读者巩固了文言文知识。

鉴于以上我读《〈论语〉101 字》的体验，特向广大读者推荐此书。开卷有益，我相信读者们也会有和我一样的阅读体验。

是为序！

上海师范大学对外汉语学院二级教授

国家语言文字推广基地常务副主任

2022 年 9 月 28 日

目　录

学而时习之，不亦说乎？

有朋自远方来，不亦乐乎？

人不知而不愠，不亦君子乎？

士不可以不弘毅，任重而道远

文质彬彬，然后君子

于从政乎何有？

孝悌也者，其为仁之本与？

学而时习之，
不亦说乎？

知之者与好之者

子曰："知之者，不如好之者，好之者，不如乐之者。"

——《论语·雍也》

Confucius said, "Those who know the truth are not as those who love it; those who love it are not as those who find their joy in it."

注　释

子：古代对有学问、品德高的人的尊称。在《论语》中，单独用"子"即是指孔子。子曰，便是孔子说。

译　文

孔子说："（对于任何学问和事业，）懂得它的人，不如喜欢它的人，而喜欢它的人，又不如以之为乐的人。"

解　字

001 知

造字的人在造"知"这个字的时候一定动了不少脑筋。换作谁可能都不如仓颉[1]这般敏锐，能把它造得这么形象。知，

1　神话中的人物，据说他是黄帝的史官，创造了汉字。

左边是一个“矢”，右边是一个“口”。矢，是箭头；口，是说话。知，就是像箭一样说话。

那么，谁能像箭一样说话呢？

段玉裁[1]说：“识敏，故出于口者疾如矢也。”一个智慧博学的人，讲话就像神箭手射箭一样，又快又准。当然，快和准二者之间，重点还是得落在“准”上。孔子曾经夸弟子闵子骞：“夫人不言，言必有中[2]。”不要看闵子骞平时闷闷的，一句话都不会说，呆傻呆傻的，可只要他一开口，就必能讲出问题的关键所在。北方有句批评人的话，叫“说话不着调”。反过来讲——能像闵子骞那样把每一句话都说在调上的，便是有“知”的人，也才是聪明的人。

那么，怎样才能把话都说在调上呢？

孔子曾教育弟子子路：“知之为知之，不知为不知，是知也。”知道就说知道，不知道就说不知道，这样就是个聪明人了。这句话说起来十分容易，但

1　清朝语言学家、经学家，曾校正《说文解字》，并作《说文解字注》。

2　中，此处读第四声，也就是射箭正中靶心的意思。

真的落于实际，就会发现，一个人最难做到的，就是区分自己是真的知道，还是仅仅以为自己知道。

西汉末年的王莽，自以为已经知晓治理天下的大道了。于是他自称大舜的后人，篡汉自立，建立新朝，用古书中的“尧舜之道”治理国家。结果却导致天下大乱，民不聊生。据统计，王莽信心满满的改制以及因此引发的战乱，令全国的人口减少了将近 65%。也就是说，每三个人中只有一个能幸存下来。

王莽的以不知为知，竟得赔上无数无辜百姓的性命。故孔子说：“吾有知乎哉？无知也。”我懂的很多吗？其实我什么都不知道啊。

至于这则《论语》中所说的“知之者”，为什么会有人知道要去学习呢？正是因为他发现了自己有无知之处需要补足啊。人的进步，也正是从意识到自己的无知开始的。

说 词

知道

知道，现在是一个常用词，指的是对事实或道理有所了解。但是在古代，“知道”这两个字的含义可远比这个解释要丰富得多。知，是懂得；道，是人间万物之理。知道，就是已然参悟了世间一切的原理。孔子说：“朝闻道，夕死可矣。”哪怕只是听闻一下大道，都死不足惜，更何况是已了然于心了呢？

知道，无数的古圣先贤究其一生都未能达到。可如今，哪怕只是获悉现在是下午三点这么一件小事，我们都会说“知道了”。这实在是“杀鸡焉用宰牛刀”啊。

002 好

“好”在甲骨文中，是一位怀抱婴儿的女子的画像。其本义，是夸赞女子的美貌。汉乐府中有一首很有趣的叙事诗，题为《陌上桑》。这首诗里就有这样一句：“秦氏有好女，自名为罗敷。”秦家有一位长得特别好看的姑娘，她的名字叫罗敷。那么这位姑娘到底有多好看呢？

“行者见罗敷，下担捋髭须。少年见罗敷，脱帽着帩头。耕者忘其犁，锄者忘其锄。来归相怨怒，但坐观罗敷。”

赶路的人看到她，都要为了多看她几眼，放下担子捋捋胡子假装休息一会儿；少年见了她，也要好好打扮一番，期盼着她也能注意到自己；庄稼人见了她，耕地的忘记了耕地，锄地的忘记了锄地，一整天光顾着看她，一亩地都没种成——天黑了，回家路上只好互相指责对方偷懒不干活。

后来，“好”所夸奖的对象就不再仅限于女子的外貌。一个人的品行，一件事的影响，甚至一个地

方的景色，都可以用“好”来形容。“好”也就引申出了优秀、美好、善良等等意思。而这些引申义最终也渐渐取代了它的本义。现在我们如果说“好姑娘”，那所夸奖的再也不是她的容貌，而是她的内在品德。

孔子说：“知之者不如好之者，好之者不如乐之者。”好，在这句话中形容词做动词用，读第四声，是喜欢的意思。好之者，便是喜欢学习的人。后人评说：“学问知之者不如好之者笃，好之者不如乐之者深。”可以说解释得十分恰当了。

说 词

好逑

好逑，即好的伴侣。《诗经》的开篇第一首诗《关雎》，其中就有一句“窈窕淑女，君子好逑”。意思是说，淑女与君子，真是一对好的伴侣啊。这么一对好伴侣，可从文字本身的角度来看，却能有意外的发现。

好逑，在古代也写作“好仇”。好的伴侣，同时竟也是一对“仇人”。“仇”的本义是匹配成对。既然要成对，其中就不可能只有良辰美景，矛盾拌嘴自然也是少不了的。就像我们现在常说的“相爱相杀”，不是冤家，最终可能还真的碰不了头。

温故知新

子曰："温故而知新，可以为师矣。"

——《论语·为政》

Confucius said, "If a man keeps cherishing his acquired knowledge, so as to continuously be acquiring new, he may be a teacher of others."

注　释

温：将变冷的东西重新加热，在这里引申为温习已学过的知识。

译　文

孔子说："在温习旧知识时能有新发现，那就可以做老师了。"

解　字

003 故

故，在最早的时候，其实就是"古"字。古，上为"十"，下为"口"。但它却并不是十张嘴巴的意思。"古"的解释十分有趣，所谓"十口"，便是经过十代人口口相传而来的故事。这些代代相传的遥远记忆，让“古”成为了那久远过去的象征。

从“古”字的起源，我们也能发现，相比于文字的历史，人类文明的历史要漫长得多。早在文字发明以前，早期的先民就已经在用语言一代一代传递着自己祖先的光辉事迹。没有文字的约束，每一代人在传承故事的同时，都会不由自主地加入自己的理解和创意，最终形成那一段段开天辟地、移山填海的神话传说。

讲了半天“古”，那么“故”又是怎么来的呢？

古，我们在上文已经解释过，就是过去、古代的意思。将它的本义作一些延伸：过去的东西，其实就是旧的东西；过去发生的事情，很多也是当下发生的事情的起因。因此，“古”就又有了“旧的”和“原因”这两个引申义。

但是，“古”一个字被赋予了这么多的意思，当它出现在文章中时就很容易令读者混淆，分不清在一句话当中，它到底该如何解释。因此，古人很聪明地给“古”加上了一个反文旁，造出了“故”这个字。这以后，古，就专门表示古代。而古的引申义，如旧的、所以、原因等，则都由“故”来承担。

在这句话中，温故知新的这个“故”，就表示已经学过的知识，旧的知识。

说 词

故事

故事，现在普遍指一切有剧情的事情。电影、小说、戏剧都是讲故事的艺术。小朋友睡觉前也都要缠着父母讲一则小故事。但“故事”这个词语的起源，可比睡前故事要沉重得多。

司马迁在《太史公自序》中总结自己著述《史记》为：“述故事，整齐其世传。”这句话中的“故”“事”二字：故，是过去的；事，是事迹——故事，也就是历史上发生的一幕幕悲欢离合，一场场血雨腥风。其中有英雄豪杰，也有奸邪小人。

滚滚长江东逝水，浪花淘尽英雄。但只要这世上还有一位渔翁樵叟在夕阳下笑谈故事，历史就永远不会离我们远去。正如人们常说的：“只有被遗忘才是真正的死亡。”

兴观群怨

子曰："小子！何莫学夫《诗》？《诗》可以兴，可以观，可以群，可以怨；迩之事父，远之事君；多识于鸟兽草木之名。"

——《论语·阳货》

Confucius said, "My young friends, why do you not study The Book of poetry*? Poetry calls out the sentiment. It stimulates observation. It enlarges the sympathies and moderates the resentment felt against injustice. Poetry, in fact, while it having lessons for the duties of social life, at the same time, it makes us acquainted with the animate and inanimate objects in nature."*

注　释

兴：本义为兴起，在这里是《诗经》的一种表现手法，指的是思想与情感的升起，也就是我们常说的"睹物生情"和"托事于物"。

怨：有埋怨、哀怨、讥讽的意思。古人解释说"刺上政为怨"，也就是借诗歌来表达对政治的不满。

迩：近，在这里可以解释为在家里。

译　文

孔子说："弟子们何不学《诗》呢？《诗》可以培养人的联想力，可以提高人的洞察力，可以教人合群，也可以让人学会抒发情怀；（如果你学好了《诗》，）在家可以侍奉父母，为官可以侍奉君主；还能多认识一些鸟兽草木的名称。"

004 观

要解释“观”这个字的起源，我们得先认识它的繁体字——觀。

觀的左边——雚，是一只瞪大眼睛的猫头鹰。猫头鹰是一种视觉非常敏锐的鸟类，即使在黑夜中，它也能看到藏在草丛里的老鼠。觀的右边——见，很简单，就是“看到”的意思。

由于我们要看的东西实在是太重要了，非得请出猫头鹰的眼睛不可，这就是“观”字的来历。于是，观，便有了仔细察看的意思。

在这句话中，“观”是指通过读诗，去洞察社会，体悟人情世故。一个人的经验和见识总是有限的，若想要拓展自己的眼界，总是不得不从他人的经历中取经。诗人，或许是这个世界上最敏感的人；而诗，则是他们对世间百态最深情的描摹。从诗中，我们能读到悲欢离合，能感受喜怒哀乐，能见证是非成败，也能读到春秋冬夏。

曹雪芹说：“世事洞明皆学问，人情练达即文章。”正是这个意思。

说　词

观望

观和望，其实都是看的意思。但它们却又有些许的差别：

观，是一种带有目的性的看，之所以要花费心思去看，不过是要从中有所收获，有所发现。所以我们会说观察实验现象，总结实验结果。

望，则是一种漫无目的的看，它并不需要明确的观测对象，甚至有可能你什么都没看到。所以我们会说登高望远，但至于望的是什么，又望到了什么，并没有人会去计较。

那么，这两个字合在一起是什么意思呢？现在财经新闻里经常会出现这样的描述，叫“投资者尚在观望”。也就是说，投资者对市场，首先在用“观”的态度仔细研究，试图发现一些商机。可他们研究的结果却只能用“望”来总结——啥都没瞧到。

所以，观望就是犹犹豫豫、静观事态变化的意思。

解　字

005 名

|甲

名，是一个很形象的字。它上面是夕，下面是口。

夕，在古代就是缺了一横的“月”字。这丢掉的一横，或许代表着月亮发出的亮

光。傍晚时分，月亮悄悄爬上了天空，但相比夜晚皎洁的月光，傍晚的月光要暗淡许多。夕，就是这个时候还没有亮起来的月亮。口，则更简明易懂了，即张嘴大喊的意思。

一夕一口即名，就是在昏暗的月光下呼喊他人的场景。到了傍晚，太阳下山，月光也不够亮，远远地看到一个人影，瞧也瞧不真切。要想知道他是谁，就只能先喊个名字看他答不答应——这就是“名”这个字的由来，其本义就是名字、名称。

给草木鸟兽起名字，倒真的是一件浪漫的事情。看到美好的东西，就叫它们“蒹葭”“白露”；遇见寒冷的东西，就叫它们“北风”“雨雪”；收到可喜的东西，就叫它们“木桃”“琼瑶”；“关关”叫的鸟，把它们命名为雎鸠，“喈喈”叫的鸟，把它们命名为黄莺……孟子说：“万物皆备于我，乐莫大焉。”这实在是一种奇妙的感受啊！

说　词

正名

卫国的国君曾考虑要重用孔子，孔子的弟子子路问孔子：“如果老师当政，要干的第一件事情是什么呢？”孔子回答：“必也正名乎！”那么，什么叫正名呢？为什么名还得费劲去

“正”一下呢?

孔子说:“政者,正也。”也就是说,政治,或者说政权,之所以能被称为“政”,其实就是因为他们是“正”的,是正义的、正当的。可是,孔子所处时期的政府,却一个比一个地欺压百姓,一个赛一个地颠倒黑白。这样的政府,还能叫作“正”府吗?只能叫作“歪”府了。

这就是孔子要做的事情——这世上有太多以高尚的名义而施行的恶:以追求和平为名义的战争,以追求慈善为口号的欺骗,以追求公平为目的的掠夺。孔子之正名,就是要撕下一切邪恶所披着的画皮,将它们的真实面目呈现给世人。

择善而从

子曰："三人行，必有我师焉。择其善者而从之，其不善者而改之。"

——《论语·述而》

Confucius said, "When three men walk together, one of them may serve me as my teacher. I can profit by following the good example and avoiding the bad example."

注　释

三：在古代，三除了指具体的数字三以外，还可以用来表示模糊的数量。因此，三人行，未必就是三个人一起走的意思，而是几个人一起走。

译　文

孔子说："（哪怕就是）几个人一块儿走在大街上，他们当中也一定有可以为我所取法的人，选择他们中比较好的去效仿，看看他们有没有什么不足，（反省一下如果自己也有，）就努力改正。"

解　字

006 善

在讲"善"字之前，我们得先来说说"羊"。羊，是一个非常标准的象形字，它就是一个头上长着山羊角的动物的形状。不过，我们要讲的重点并不是“羊”字的起源，而是羊在中国文化里的意义。

或许是因为羊本身是一种温顺可爱的动物，又或许是因为“羊”与“祥”谐音，自古以来，羊在中国文化中就一直有着美好的寓意。《周易》中有一句话叫“三阳开泰”。所谓“泰”，一方面指冬去春来，万象更新；另一方面，也有吉祥安然的意思。不过，在生活中看到三个太阳显然是不可能的事情，那么，与“阳”字同音的“羊”就成了最好的替代。如同西方人看到黑猫便觉得不吉利，中国人看到羊便认为是遇到了好兆头。因此，“三阳开泰”也常常被故意写作“三羊开泰”。在古代的器皿上，也经常能找到带有吉祥寓意的三羊花纹。

至于“善”这个字，其实在最开始便是由一“羊”一“目”组成的。目，便是看，看到了羊，即觉得吉祥。善，也就有了美好、喜欢的意思。

说　词

善哉

善哉，直译成现代汉语，便是“好啊”。不过作为一个佛家弟子的口头语，它并不完全表示称赞的意味。如果遇到悲痛苦难的事情，也可以用“善哉”置评。

《水浒传》中有个花和尚鲁智深，他在五台山剃度出家，别的和尚在禅床上打坐念佛，可他却在禅床上倒头便睡，呼噜震天。边上的和尚看不下去，推他起来："既要出家，如何不学坐禅？"智深道："洒家自睡，干你甚事？"和尚看智深如此无礼，便感叹："善哉！"智深哪里懂得"善哉"的道理，还以为和尚要请他吃鳝鱼，又喝道："团鱼洒家也吃，什么'鳝哉'？"和尚道："却是苦也！"智深便道："团鱼大腹，又肥甜了，好吃，那得'苦也'？"

善哉、苦也，虽一善一苦，但其实说的却是一个意思啊。

解　字

007 从

从，非常简单，由两个"人"字组成。人，是象形字，画的是一个站立着的人的侧面。而从，就是一前一后两个人，后面的跟着前面的走。因此，从，便有了

追随的意思。

现在我们也常说：“你从哪里来？”这句话里的“从”，是来自的意思。有个词语叫“自从”，“自”便是“从”，“从”便是“自”——“自从”的意思便一目了然了。

说 词

从众

从众，或许是字形里“人”字最多的一个词语。意思是服从众人的意见。

从众一词，最早出自《论语》，孔子说：“麻冕，礼也；今也纯，俭，吾从众。”按照礼制，帽子本应该用麻来做，但是现在大家都用纯布来做帽子，是因为这样比较节俭。孔子说：“这样的改变是一种进步，我同意大众的意见。”

但也并非所有的改变，孔子都欣然接受。每月的初一，鲁国都要举行一次祭祀仪式，每次都需要献祭一只羊。但当时鲁国的贵族早已不把这样的礼仪当一回事，他们甚至都不愿亲自参加，只派人去草草操办一下便匆匆收场。孔子的弟子子贡就看不明白了：“既然他们都这么不上心，何必还要每个月白白浪费一只羊呢？”孔子回答：“端木赐[1]啊，你舍不得那只羊，我舍不得这个礼啊！”

在孔子看来，有些传统是永远不能够放弃的。或许随着时间的推移，它会被轻视，但一定不会被无视；它会被嘲笑，但

1 端木赐，复姓端木，名赐，字子贡，孔子弟子。

一定不会被否定。鲁国的祭祀，就是这样的一种礼仪——只要它存在一天，就是对鲁国贵族的一种形式上的约束。等到关键的时刻，它总能显示出自己的意义。

事实上，正是这一些一次次被我们轻视又一次次被我们重新拾起的传统，才真正塑造了我们民族的性情。

话扯远了，回到正题。对于帽子的材质，孔子选择从众；可对于祭祀仪式的舍弃与传承，孔子却选择了违众。如何判断从众与违众之间的界限，那就是我们得好好思考的问题了。

举一反三

子曰："不愤不启；不悱不发。举一隅不以三隅反，则不复也。"

——《论语·述而》

Confucius said, "I do not open up the truth to one who is not eager to get knowledge, nor help out any one who is not anxious to explain himself. When I have pointed out the bearing of a subject in one direction and found that my student cannot himself see its bearing into others, I do not repeat my lesson."

注　释

愤：苦思冥想而不得。

悱：急于表达而说不出。

译　文

孔子说："（教导学生，）不到他苦思冥想仍无所得的时候，不要去开导他；不到他内心里有想法却难以表达的时候，不要去启发他。告诉他一个方位，他却不能由此推知其他三个方位，就不要再教导他了。"

解　字

008 启

启，在甲骨文中，是一个会意字。起初，它的左边是一只

手，右边是一扇门，表示用手开门的动作。而启，也就有了打开、开启的意思。后来，在字形的演变中，“口”取代了“手”的位置，但表示一扇门的“户”字却保留了下来，启，便成了现在的模样。

至于“不愤不启”中的“启”字，自然不是指开门，而是指打开学生的思路，给学生一些提示的意思。只是这些提示并不是轻易便可获得的——只有在学生苦思冥想却无所得，绞尽脑汁仍解不出，眼看就要放弃的时候，孔子才会很舍不得地指点一二。

不过，接受了孔子的提示，却并不代表着问题的结束，反而是更大的困难的开始——“举一隅，不以三隅反，则不复也。”如果你有幸，或者说不幸得到了孔子的指点，那他不但会要求你解答当前的问题，还要求你必须触类旁通，举一反三。同一个知识，如果不能举出其他三个可供解答的问题，那孔子可就再也不教你了！

这样看来，做孔子的学生还真是件难事儿。

说　词

启发

“不愤不启，不悱不发”，其实“启”和“发”就是同一个意思，都指开启、打开。现在我们把这两个字合在一起，组成一个词语——启发，指讲明白一个道理，令对方能产生联想并有所领悟。也就是举一反三的意思。孔子重视启发教育，不灌输答案。而是希望学生通过有限的指导，靠自己的努力去获得真理。因为不经思考的知识和不经推敲的道理，都不过是塞在脑中的无用口号。唯有通过自己的思索而产生领悟，才能真正发挥出它们的效用。

解　字

009 举

举的甲骨文很有意思，是一个大人双手托起一个小孩的画面。如果大家看过迪士尼的经典动画片《狮子王》，一定会记得小辛巴出生时，巫师拉飞奇在荣耀石上将它高高举起，接受非洲大陆上一切飞禽走兽朝拜的场景。这一幕，就跟“举”字的造型非常相像。

在“举一隅，不以三隅反”中，举，表示举例、举出的意思。

说 词

科举

科举，是古代的一种通过考试来选拔官员的制度。所谓“科”，便是以斗量禾。斗，是一种称米的器具，用它去量禾，就是要鉴别庄稼的好坏。因此，科的本义，就是考核、分类的意思。而举，就是举出、选出。二者合一，所谓科举，便是通过考核、分类而选出优秀的人担任官职。

起初，科举制度的确打通了普通百姓改变命运的上升通道。但后来，科举制度并没有赶上时代的发展。因为它的体制太过僵化，长此以往反而限制了人才的发展。果然，到了晚清时期，科举制度再也不能培育出兴世济民的人才，只能产出一批只会应对考试的迂人。因此，它最终寿终正寝，被废除了。

子入太庙问题多

子入太庙，每事问。或曰："孰谓鄹人之子知礼乎？入太庙，每事问。"子闻之，曰："是礼也！"

——《论语·八佾》

When Confucius entered the Ancestral Temple, he enquired about everything. Someone remarked, "Who told me that the son of Zou knew the rule of propriety? He entered the Ancestral Temple and enquired about everything." Confucius heard the remark and said, "This is a rule of propriety."

注　释

太庙：指鲁国的周公庙。

鄹人之子：孔子的父亲曾担任过鄹邑大夫。孔子当时年纪还轻，涉世不久。"鄹人之子"是别人对他表示轻蔑的称呼，直译为"鄹家那小子"。

译　文

孔子进入太庙，每件事情都要发问。有人说："谁说鄹家那小子懂礼的呢？进了太庙，事事都要问别人。"孔子听说了，说："（就是每件事情都要询问，才）是懂礼的表现啊。"

010 入

入，是一个略带有血腥气味的字。在甲骨文中，入，代表的是一枚刚磨锋利的箭头。之所以要把箭头磨得这般光亮，其目的当然也很明确——就是为了在打猎时，能一箭射穿猎物的皮肉，刺进它们体内。因此，古人就用“入”这个字来表示从外面进到里面的动作。

射箭，是古人非常喜爱的一项运动。孔子说：“君子无所争，必也射乎！”[1] 君子除了射箭的输赢以外，就没有什么其他非争不可的东西了。

那君子为什么就必须无所争呢？清朝的大学者俞樾讲了这么一个故事：如果让两个成年人一起做事，他们难免会为了抢着带头而起争执；如果让两个小孩子一起玩耍，他们也难免会为了抢夺玩具而吵起架来。可是，如果让

1 出自《论语·八佾》。

一个成年人带着一个小孩子，他们却一定能相处融洽，和和睦睦。这是为什么呢？俞樾说：这当然不是因为小孩子懂得谦让，而是由于成年人不愿与孩童计较罢了。

君子处在世上，就像小孩堆里的大人。“己大而物小，己重而物轻，己贵而物贱。”既如此，又有什么好计较的呢？这句话中的大、重、贵，不单单指年龄的大小、地位的高低、财富的多少，更是指心胸的大度、仪态的端庄和品性的高贵。

正是有了这些品质，君子即使在射箭比赛中，也处处节制，尊敬对手。“揖让而升，下而饮。”射箭之前，先与对手作揖致敬；射罢归来，无论输赢，也要与对手共饮美酒。即使自己失败，也不怪罪他人，而是反求诸己，总结自己在比赛中的失误。难怪孔子会说：“其争也君子！”

不过，在当时大约有两种不同的射箭比赛：一种是比谁射得准，要求选手命中靶心才可获胜；另一种则是比谁力气大，要求选手能射穿目标才可获胜。

在这二者中，孔子支持的是前一种比赛。毕竟射箭是一种高贵的运动，唯有“内志正，外体直”，所谓心正身直——专心致志又姿态端正才能射准目标。这让射箭这项运动本身也成了对心性的一种修炼。

至于后者要求的射穿箭靶，那不过是一种比拼蛮力的运动。它并不需要选手全神贯注于其中，仅仅是一项在臂力上的比赛，所以在孔子看来这不算什么本事。[1]

1 子曰：“射不主皮，为力不同科，古之道也。”（《论语·八佾》）

当然，汉朝有位飞将军李广，他射箭的本事可谓集二者之长——又准又狠。据说有一次他带兵出征，远远地看到黑夜中有一只猛虎，连忙拉弓射击，一箭命中。手下士兵立即上前查看，却发现那根本不是一只老虎，而是一块长得像老虎的大石头。而李广的箭竟然已经深深地刺入石中，无论如何也拔不出来。连李广自己都惊讶：箭是怎么射进石头的呢？

只可惜这样一位悍将，后来却遭汉武帝的猜忌，最终不得不自杀明志，实在是令人唏嘘。

说 词

入门

入门，其字面意思，是走进了大门。我们现在多把这个解释抽象化，用“入门”来指代初步学会一门本领，走进了“知识”的大门。比如：钢琴入门、编程入门。

如果要细究“入门”这个词的由来，那倒是也跟孔子有关。孔子有个弟子，叫子路。子路是个莽撞的武夫，据说他最爱的打扮，是头戴公鸡冠，腰缠野猪牙，以此来表现自己的勇敢。也因此，孔子总是批评他，要让他做一个“临事而惧，好谋而成”的人。

于是有一天，子路为了讨老师欢心，准备做个文化人，便穿戴整齐，在学堂门前弹起了瑟。可子路每天只是习拳舞剑，哪里学过弹瑟，弹得五音不全，不能入耳，吵得大伙都不能专心读书。孔子以为他是故意捣乱，就指责他说：“就你的水平，也敢在我门前弹瑟吗？”

子路的一腔热忱被孔子泼了一盆冷水，垂头丧气地回家了。自此之后，其他同学也因为此事常常取笑子路。孔子见状，又赶忙当着学生们的面鼓励子路："仲由啊！[1]你弹瑟的水平已经有很大进步啦，现在已经入门能升入厅堂了。但你也不能自满，因为你的技艺还不足以进入内室，尚得继续努力。"[2]

孔子的这句话，被后人总结为一个成语——登堂入室。古代的房屋，分为堂和室两个部分，堂在前，室在后。堂，类似我们现在家里的客厅；室，类似我们现在的卧室。回家总需先经过客厅，才能进入卧室。求学也是一样，首先要入门，算是开始了学习；接下来便是登堂，此时学习小有所成，但还不能懈怠；只有最后达到入室的境界，才算真正成功。

入门、登堂、入室，此为学习的三个阶段，缺一不可。

---

1 子路，姓仲名由，字子路。

2 子曰："由之瑟，奚为于丘之门？"门人不敬子路。子曰："由也升堂矣，未入于室也！"（《论语·先进》）

使于四方的书呆子

子曰："诵诗三百，授之以政，不达。使于四方，不能专对；虽多，亦奚以为？"

——《论语·子路》

Confucius said, "Though a man is able to recite three hundred pieces of poetry by heart, yet if, when entrusted with a national affair, he can do nothing; or if, when sent on a public mission to a foreign country, he can not give his replies unassisted, notwithstanding the extent of learning, of what use is it?"

注 释

对：回答，一般特指大臣回答君主，学生回答老师，儿子回答父亲等需带有敬意的回答。因此，如果孔子问子路问题，子路都需要用"对曰"来表示尊敬。

译 文

孔子说："（一个人，即使）熟读《诗经》三百篇，（可是）把政事交给他，却不能通达理事；派他出使四方，也不能独立处理外交事务。（那他读的诗）虽然很多，又有什么用处呢？"

解 字

011 使

使，是一个非常敬业的字。在甲骨文中，它就是一只紧握文书使节的手，这就是古代使者的标准动作。

大家一定都听说过苏武牧羊的故事：苏武代表汉朝出使匈奴，但他的手下却在匈奴闯下了大祸，结果整个使团被单于扣下。单于把苏武发配至北海牧羊，并下令说只有等到公羊生出小羊了，才能放苏武回国。苏武一人在北海边，吃不饱穿不暖，只能靠捕老鼠充饥。岁月流逝，他从汉朝带来的使节，上面的装饰全都被北风吹掉了，只剩一根光秃秃的棍子。但苏武仍然每天紧紧地将使节握在手里，表明自己忠于祖国的决心。如此十九年，单于最终才迫于汉朝的压力释放了苏武。而苏武回国时，曾经百余人的使团，最终仅剩下九个人。

苏武在寒风中，蜷缩着，紧握使节的形象，就是对“使”字最好的展现。

在这一节中，“使于四方”的“使”，是名词作动词用，指出使。

说　词

使命

使命，其实就是使者携带的命令。由于古代通信、交通不便，使者在与他国谈判时，如果对方问及自己摸不准的问题，可没有打个电话请示一下的机会。所以在出发之前，使者就必须问清楚国君对所有事情的态度，以求万无一失。

而在国君将一切交待妥帖之后，这一命令就是使者在他国一切言谈的准则。无论前途是凶是吉，是福是祸，即使要以生命为代价，使者都必须勇往直前，不可违背。

正是由于使者携带的命令如此神圣，我们现在才用“使命”这个词来指代最为重大的责任，比如我们常说的“历史使命”。

解　字

012 专

古人在造“专”这个字的时候，其实并不是要表达“专”的意思，而是要表达“转”的意思。所以“专”字在甲骨文中，其实是手握纺锤的样子。纺锤是古人用来把棉花织成棉线，或者是把线织成绳子的一个小工具。在使用的时候，纺锤会不停地旋转。所以古人就用纺锤的形象，来表达“转”的意思。

但是后来，人们在写作的时候逐渐发现，一直缺少一个字来表示“专”。而在口语中，碰巧“专”与“转”的读音又非常接近，所以古人索性就把本来表示“转”的字拿来，借给“专”用。又另外给“专”加了个车字旁，来表示“转”

的意思。

同样的现象，我们可以再举出几个例子：然后的“然”，其实最早是燃烧的“燃”；而数字“九”，在一开始的时候，却是胳膊肘的“肘”。它们都是因为读音接近，所以被另一个还没造出来的字抢去了自己的字形。这样的做法其实在古人造字的过程中非常普遍，还有一个专业术语用来描述这一“抢夺”的行为，叫作假借。

言归正传，那么“专”到底是什么意思呢？古人说：“执而不易之谓专。”选东西的时候，抓住一件就认准了，再也不换了——这就是“专”。专，即是专一、独占的意思。

“不能专对”中的“专”，也是独自一人的意思。而专对，就是独自一人巧妙地回答问题。毕竟一位出使他国的使者，难免会被别国国君刁难。他需要应对许多令人难堪的问题，如果不能随机应变、机智应答，就会令自己的国家蒙羞。

跟孔子同时期的晏子，就是一位能够“专对”的使者。晏子是齐国人，有一次他代表齐国出使楚国，楚王为了戏弄他，专门在两人会面期间，安排了一场对小偷的审判大会。

这个小偷也被楚王安排得很“碰巧”，正好是个齐国人。楚王如此安排，当然是为了拿齐国开玩笑，所以他转头问晏子：“你们齐国人是怎么回事？非要跑到其他国家当小偷吗？”

这个问题换作别人，未必能接得下来，齐国的脸就算是丢了。但晏子是当时绝顶聪明的人，他马上回答道：“大王，我听说橘子树如果生长在淮河以南，就能长出又大又甜的橘子；可如果有人把它移到淮河以北，就只能结出又小又苦的枳了。同样是橘子树，为什么换个地方就长不出橘子了呢？很简单，就是因为淮南和淮北的气候不一样。[1]那么我也想问问大王，齐国人在齐国都遵纪守法，从不偷东西，为什么到了楚国就变成小偷了呢？是不是也是因为楚国的水土适合培养小偷呢？”晏子一个聪明的反问，让楚王哑口无言，这就是一位称职的使者所必须具备的能力。

说　词

专家

专，便是专门只做一件事情；家，便是对把一件事做得很好的人的称呼，如科学家、思想家、艺术家。而专家，就是专门做一件事情又做得很好的人。能把一件事做到很好，当然很不容易，所以各行各业的专家都很值得我们尊敬。

然而，能够做一个专家就算是成才了吗？孔子可不这么认为。在孔子看来，一个人即便是当上了专家，也不过就是个“器”而已。所谓“器”，就是一件工具。工具，没有任何自己的主见，不过是被人用着省力顺手罢了。我们在生活中，也能看到被别人利用、做坏事的专家。

1 “婴闻之：橘生淮南则为橘，生于淮北则为枳，叶徒相似，其实味不同。所以然者何？水土异也。”（《晏子春秋·杂下之六》）

二战时期，德国有许多工程领域的专家，可他们却费尽了心思，去制造用来侵略、奴役其他国家的武器；同时期的日本也有一些医学领域的专家，可他们研究的却是怎样制造病毒害人。他们就是因为缺少原则的约束，把自己的才能用在了错误的地方。

所以，孔子说："君子不器！"君子不能只满足于做一个专家，还必须在内心里有良知、有原则、有判断。知道什么是对的，什么是错的，什么该做，什么不该做。不然，可就是大家所嘲笑的"砖家"了。

君子追求的是什么

子曰："君子食无求饱，居无求安，敏于事而慎于言，就有道而正焉：可谓好学也已。"

——《论语·学而》

Confucius said, "A gentleman, in matters of food, should never seek to indulge his appetite, in dwelling, he should not be solicitous for comfort. He should be diligent in business and careful in speech. He should seek for company of men of virtue and learning, in order to profit by their lessons and example. Thus, he may become a man of real culture."

注 释

就：靠近。

有道：朱熹说，"凡言道者，皆谓事物当然之理，人之所共由者也"。用现代语言来说，"事物当然之理"就是科学技术；"人之所共由者"就是伦理道德。而有道之人就是在科学技术或伦理道德的领域有见识、有建树的人。

译 文

孔子说：君子，吃饭不求饱足，居住不求安逸，勤于做事、谨慎说话，去有道之人那里学习以匡正自己，这样就可以算是好学了。

013 求

求，与上一章中的“专”字一样，也是一个假借字。在甲骨文中，求，是一件皮衣的图画。不过，古代的皮衣想必做工还是不够精细，吸引不了爱美人士的目光，其边边角角上都是毛毛糙糙的。这样一个毛糙的“求”字，最开始指的便是毛糙的皮衣。

但后来，由于长期缺少一个汉字来表示需求、追求的意思，古人在写文章的时候一直不知如何是好，而为这个含义造字的难度也实在太大。那没办法，就只能先委屈一下皮衣，把它的本字拿来，用以表示需求、追求的意思——谁让你俩的读音一样呢！当然，古人也不能太亏待皮衣，所以给它的本字下加了个衣字旁，另造了一个“裘”字，也更加一目了然了。

说 词

求全责备

求全，即追求完美；责备，也是追求完美。因此，求全就是责备，责备就是求全。而求全责备合在一起，便是苛求他人完美无缺的意思。像这样以两个意义相近的字或词组成的新词，叫作同义复词。

同义复词是汉语组词中非常常见的一个现象，这可真不是因为古人啰唆，一个意思要说两遍。如此组词的最主要目的，是要增强语言的节奏感，令语言有美感。举个例子，“打闹”是老师常说的一个词。但打便是闹，闹也是打，打闹一词显然是重复、啰唆了。可老师如果教育你说：“不准打！”这句话便怎么听怎么怪。而一旦加一个“闹”字变为：“不准打闹！”这句话在节奏上就立刻完整了。

早在《诗经》的时代，古人就已经发现四字句是一种非常具有节奏美感的句式。或许正是因此，自古以来我们组词都以二字词或四字词居多。所以，相比冗余累赘，结构上的美才是最要紧的。

过犹不及

子贡问："师与商也孰贤？"子曰："师也过，商也不及。"曰："然则师愈与？"子曰："过犹不及。"

——《论语 · 先进》

Zi-gong asked which of the two, Shi or Shang, was the better man. Confucius answered, "Shi goes beyond the mark; Shang does not come up to it." Zi-gong replied, "Then, Shi is better, I suppose?""No," answered Confucius, "to go beyond the mark is just as bad as not come up to it."

注 释

子贡：端木赐，字子贡，孔子弟子。

师：颛孙师，字子张，孔子弟子。

商：卜商，字子夏，孔子弟子。

孰：谁。

愈：更好。

译 文

子贡问："颛孙师和卜商，谁更好一些呢？"孔子说："颛孙师学得过头了，卜商学得还差一点。"子贡问："那么是颛孙师学得更好吗？"孔子说："过头了也跟差一点一样不好啊。"

014 过

过（繁体：過），是一个形声字。所谓形声字，就是把注音符号放在字形里的字。像蜘蛛的“蛛”、吃饱的“饱”，它们都是形声字。有一句俗话叫“秀才识字读半边”，靠的就是形声字帮忙。

我们的祖先是先创造了语言，之后才发明了汉字。而造字这个工作也并不容易，尤其是给比较抽象的概念造字，就更为困难。因此，每当遇到这些难题，造字的仓颉总用一种先放着，等以后再说的态度来对待。

只不过，仓颉自己得了闲，却给后世写文章的学问家添了不少麻烦。假如有个读书人，要写篇文章歌颂大禹，遇到“三过家门而不入”一句。刚准备提笔，突然想起来，“过”这个字还没造出来，这让人如何是好？

其实倒也简单，就像现在小学生写日记遇到不会的字写拼音一样。古人没有拼音，就用注音符号或者读音相同的字来代替。然后再标上一个走之旁，来表示行走的意思。如此，有了读音，又有了解释，读者一看就明白：哦，这是表示走过的“过”！

这就是“过”字的来历。与“过”相同的，还有“祸”字，它们都是形声字。[1]过是走之旁，表示走过。祸是示字旁，“示”在古代，有“神灵的命令”的意思，因此“祸”便指天上降下的灾难。

“过犹不及”中的“过”，表示过分、过头的意思。孔子强调，做人要秉持中庸之道，也就是说，一切都需要有度。打个比方，讲礼貌是个很好的品质，如果礼数不足，别人就会觉得你没有教养，粗野蛮横；但如果讲礼貌过了头，别人又会觉得你很生疏，甚至给人一种故意巴结的感觉。因此，只有把握好度，既不超过，也不缺少，才是最好的。

孔子的弟子子游说：“事君数，斯辱矣。朋友数，斯疏矣。”对待国君如果礼数太多，会让别人看低自己；朋友之间礼数太多，也会让朋友觉得不自在。讲的就是这个道理。

说　词

过错

孔子说：“过犹不及。”事情做过头了照样不好，所以“过”这个字，也有做错了、有问题的意思。因此，“过”便是“错”，“错”便是“过”。这两个字拼在一起，构成了一个同义

1 “过”与“祸”在繁体字中写法相近。过，繁体为“過”；祸，繁体为“禍”。

复词——过错。但有趣的是，如果把这两个字颠倒一下，变成“错过”，意义却又完全不同了。“错过”中的“错”，是失去、错失的意思。所谓错过，即因过而错，也就是已然经过而最终失去的意思。

君子与鄙事

太宰问于子贡曰："夫子圣者与？何其多能也？"子贡曰："固天纵之将圣，又多能也。"

子闻之曰："大宰知我乎！吾少也贱，故多能鄙事。君子多乎哉？不多也！"

——《论语·子罕》

A minister asked Zi-gong, "Your teacher—he is a holy man, is he not? What a variety of acquirements he possesses." Zi-gong replied, "Heaven has endowed him unlimitedly. Besides, heaven makes him acquire knowledge in many things."

When Confucius heard about the conversation afterwards, he remarked, "Does the minister know me? When I was young, I lived in a poor family. Therefore, I had to acquire knowledge in many things, but they were merely ordinary matters of routine. Must the superior man have such a variety of abilities? He needs not."

注释

太宰：官名，但这里具体指哪一国的太宰不明。

译文

太宰问子贡："你的老师是位圣人吧？为什么他本领这么多呢？"子贡说："这是上天要让他成为圣人，又让他多才多艺啊。"孔子听说了这件事，说："太宰了解我吗？我小时候家里贫穷，（为了谋生，）所以才学了这么多手艺。君子需要会这么多手艺吗？其实不需要啊！"

015 鄙

鄙，在甲骨文中，由两个部分组成：上面的“口”字，或许是一圈城墙的简笔画，用以指代都邑；而下半部分，则是一个粮仓的图案。不知是不是因为古代的房价也受地段影响，才要把粮仓这样的大型建筑给盖到远离市中心的城外去。于是，聪明的仓颉便用城外的粮仓造了“鄙”这个字，来表示市郊乡村的意思。

这句话中，孔子所说的“鄙事”，并不是说粗鄙的事。在当时，鄙字没有任何贬义的意味。所谓鄙事，不过就是乡下人做的事情。当时，贵族住在城里，百姓住在城外。百姓需要靠自己的劳动谋生，而贵族则凭百姓的供养过活。因此，鄙事，其实就是泛指黎民百姓赖以谋生的各种手艺。

孔子说：“君子多乎哉？”这句话里的君子，是指城里的贵族们。他们不必为谋生发愁，所以他们自然也不需要学什么手艺。

孔子自幼丧父，为了谋生，年轻的时候他放过牛羊，也当过会计。而他的牛羊，养得最肥；他算

的账，从不出错。除此以外，孔子驾车射箭、弹琴作诗都是高手。可以说孔子做一行，精一行。这才吓到了身为“君子”的太宰先生。

说 词

卑鄙

卑鄙，现在是一个骂人的词，指对方道德败坏，品行恶劣。但在古代，卑鄙二字可没有这样的贬义。三国时期的诸葛亮就曾自称“卑鄙”。古代，卑指地位低，鄙指乡下人。诸葛亮当年隐居隆中的山野之中，既住得远，又没有官职，自称卑鄙可谓恰如其分。

最后还是要多说一句。古人有云：“礼失而求诸野。”即礼制丧失之后，要到民间去寻求。认为乡下人比城里人有文化、懂礼貌。因此，鲁迅先生写阿Q进城，看城里人坐凳子也没规矩，炒鱼吃也没规矩。这还正是文化人对没文化的“鄙”视呢！

画地为牢的冉求

冉求曰："非不说子之道，力不足也。"子曰："力不足者，中道而废；今女画。"

——《论语·雍也》

Ran Qiu said, "It is not because I do not believe in your teaching, but my strength is insufficient." Confucius said, "Those whose strength is insufficient show it when they are on the way. But you limit yourself from the outset."

注释

冉求：冉求，字子有，孔子弟子。

女：即"汝"，你。

译文

冉求说："我并不是不喜欢老师的大道，是因为我能力不足（，因此不能继续学习）。"孔子说："能力不足的人，是走到半路（因力量耗尽）才放弃，而你是给自己画地为限（，不愿前进啊）。"

解字

016 说

"说"字在古文当中，并不总是指说话的意思，而是常常被当作通假字来使用。要解释什么是通假字，如果用一种不负责任的态度来说，其实就是古人的错别字。但这个定义又对古人有些不公平，因为每个字的标准写法，都是随着历史的发展才最终确定下来的。在当时，可能的确每种写法都是对的。即使是现在，依旧有一些字的写法模棱两可，尚待确定。

就以“说”字为例，在这句话中，它通“悦”字，表示喜欢的意思。但有学者考证，“说”可能根本就不是一个错别字，因为在孔子的那个年代，“悦”字还没有被发明出来。要用的字尚未出生，读书人便用“说”替代。这也实在是没有办法的办法。

说 词

说明

说明，是个很形象的词。一个东西本来瞧不明白，就像待在暗处。而经过语言解释一番，则仿佛开灯给它照亮一般——一眼就瞧真切了。一说就明白，还真有佛家所说的醍醐灌顶、当头棒喝的意味呢。

想学种地的樊迟

樊迟请学稼，子曰："吾不如老农。"请学为圃，曰："吾不如老圃。"

樊迟出，子曰："小人哉，樊须也！上好礼，则民莫敢不敬；上好义，则民莫敢不服；上好信，则民莫敢不用情，夫如是，则四方之民，襁负其子而至矣，焉用稼？"

——《论语·子路》

Fan Chi requested to be taught farming. Confucius answered, "For that I am not as good as an old farmer." Fan Chi then asked to be taught gardening. Confucius answered, "For that I am not as good as an old gardener."

Fan Chi then left. Confucius remarked, "What a petty-minded man he is! When the ruler of a country encourages education and good manners, the people will never fail in reverence. When he loves justice, the people will never fail in obedience. When he encourages good faith, the people will never fail in honesty. In such a case, people from all quarters will flock to that country. Why should a ruler himself know about husbandry?"

注 释

樊迟：姓樊，名须，字子迟，孔子弟子。

稼：种五谷庄稼。

圃：种蔬菜。

译 文

樊迟请求（向孔子）学习种庄稼，孔子说："我不如老农民。"

樊迟又请求学种菜，孔子说：“我不如老菜农。”樊迟出去后，孔子说：“小人啊，樊须啊！如果政府重视礼，那么百姓就不敢不尊敬；如果政府重视义，那么百姓就不敢不信服；如果政府重视信，那么百姓就不敢不说真话。如果能做到这些，那么四方的百姓都会背着子女来投靠于你，何必要自己学种庄稼呢？”

解 字

017 请

篆

请，一眼就能看出，它是一个形声字。与“青”的读音相似又跟讲话有关，所以在“青”字的边上加了个言字旁。请，是一个表示尊敬的字。相比于简单的“问”，“请问”二字就显得客气多了。然而，樊迟同学的态度虽然很好——“请学稼”，但还是让孔老师发了脾气。这是因为他态度虽好，可问的内容却不对。就像现在很多商家的客服一样，微笑着惹你生气。

孔子办的学校，是一所青年干部学院。他要培养的是政治人才，而不是农业人才。当然，樊迟也并非真要在农业技术的领域有所建树，他或许刚刚学习了“后稷教民稼穑”[1]的故事，因而萌生了亲自带领百姓劳动致富的想法。但这样的理想

1　后稷是传说中尧舜时代的农官，他最早发明了种庄稼的技术，并传授给百姓。

也只有在想象中是美好的，正如孔子所说，你学得再好能比得过老农民吗？纸上谈兵式地学学种地就想带头，一定是外行指挥内行——哪个百姓种地不比你强呢？

管一件事与做一件事所需的是完全不同的技术，就像交警不需要非得是驾驶高手才能指挥交通，而让赛车手指挥十字路口一定是一片混乱。同样，治理国家也不必非得学会种地，反而必须学会仁、义、礼这些基本的准则，这是樊迟没能想明白的问题。

解　字

018 负

从“负”这个字，我们可以看出古人现实、庸俗的一面——当然这也是非常可爱的一面。“负”由上下两个部分组成：上半部分是个“人”字的变形；下半部分则是一个“贝”字，所谓贝，也就是钱。手里有钱也就有了依靠，不愁吃穿。因此，“负”这个字描绘的其实是一个有所依

靠、衣食无忧的人。其本义便是依靠、背靠、倚仗。

后来，“负”字又从本义演变出了两个主要的引申义。其一，为背负、背着，或许是背靠这个动作与背有关，所以后来其他需要后背参与的动作便也顺便交由“负”字来承担。其二，为辜负、亏欠，当你依靠他人的时候，事实上也就同时欠下了人情。欠下的人情，若没有恰当的回报，自然对对方是一种巨大的亏欠。

在这段话中，“负”为背着小孩的意思。

说 词

负荆请罪

荆，是一种植物，古人用它编成刑杖来惩罚犯人。那么负荆请罪，其实就是要背着刑杖去赔不是，求别人揍几下自己才好，可见其请罪的诚心。而这个成语的来历，要追溯到战国时代。

战国是一个烽火连天的时代。那时每个国王都提心吊胆，每一座王位都朝不保夕。一次战争的失利，就可能导致亡国之祸。而赵国国王，却非常幸运，他手下有两位得力助手：一位是大将军廉颇，一位是宰相蔺相如。他们二人一文一武，保卫着赵国的社稷。

只不过，廉颇仗着自己是军人，总瞧不起蔺相如，觉得他立的功劳全是靠耍嘴皮子，玩小聪明，不像自己是在战场上真刀真枪，出生入死拼出来的。于是廉颇处处与蔺相如做对，即使路上碰见也不打招呼，还要让蔺相如躲到一边去给自己让路。面对廉颇的挑衅，蔺相如却时时忍让，逆来顺受。起初廉颇对此非常得意，但后来他发现蔺相如之所以一直躲着自己，并不是出于对自己的畏惧，而是为了保证赵国内部的团结，不让敌国因赵国的内部矛盾乘虚而入。

这令廉颇羞愧不已，赶忙背起荆条去向蔺相如赔罪，两人最终言归于好，共同谱写了一段“将相和”的佳话。

有始有卒才是圣人

子游曰："子夏之门人小子，当洒扫应对进退则可矣，抑末也。本之则无，如之何？"

子夏闻之，曰："噫！言游过矣！君子之道，孰先传焉？孰后倦焉？譬诸草木，区以别矣。君子之道，焉可诬也？有始有卒者，其惟圣人乎！"

——《论语·子张》

Zi-you remarked, "Those young gentlemen follows Zi-xia are good enough in matters of speech and deportment, which are mere minor matters; but as regards the foundation of a true education, they are as yet nowhere."

Zi-xia heard the remark and animadverted, "There you are wrong! According to the way of the wise man in teaching, what departments are there which he considers of prime importance, and delivers? What are there which he considers of secondary importance, and allows himself to be idle about? As in dealing with plants, one must deal with pupils and class them according to their capabilities. A wise man should not befool his students in teaching, for it is only the most holy men who can at once grasp the beginning and the consummation of learning."

注释

子游：姓言，名偃，字子游，孔子弟子。

洒扫：古代多为沙土地，因此在扫地之前，都会先洒上水防止尘土飞扬，故合称洒扫，指在举办祭祀仪式或招待宾客前先打扫卫生的工作。

译　文

子游说："子夏的学生们，做一些洒扫接待、招待宾客的事，是可以的，但这些可能只是末业吧。如果道的根本学不到，那怎么办呢？"子夏听说了这些话，说："唉！言游可说错了啊！对于君子之道，该先教哪些，后教哪些呢？学生就像草木一样，是有区别的。（所以对一般的学习者，教他们一些为人处世的礼仪就够了，他们对道的根本也没有兴趣。）君子之道，怎么可以被歪曲呢？真正能由浅入深，有始有终，（从洒扫进退一直学到参悟大道的，）应该只有圣人能做到吧。"

解　字

019 卒

卒，在甲骨文中，与我们之前学习的"求"字长得很像，只是中间多了许多花纹，也就是一件满是花纹的衣服。古代人比较迷信，相信鬼神，所以常常会在衣服上画一些花纹来装神弄鬼或是模仿猛兽。尤其是在战争的时候，当时的士兵可不像现在，要穿一身迷彩服，把自己隐藏起来。古时候的士兵穿得越显眼、越花哨、越能吓到别人才越好。因此，"卒"这个字，起初是指士兵所穿的满是花纹的衣服。后来由衣及人，"卒"字专门用来特指士兵。中国象棋中的士兵就是用"卒"这个字来指代的。

再后来，或许是因为士兵令人们联想到战争，而战争又令人们联想到死亡。“卒”这个字便又有了“死亡”这一个引申义。死亡是人生的终点，“卒”于是又衍生出最终、最后的意思。

在这段对话中，“有始有卒者”，便是有始有终者的意思。

子游认为，子夏教学生，只教一些日常礼仪，却从不讲道的本质，也就是不讲为什么要遵守这些礼仪，让学生知其然不知其所以然。而子夏却认为，学习应当有一个进步与淘汰的过程，就像我们要先上小学、中学，再上大学，每一个环节都代表着进步，但每一个环节结束后也都有一部分学生会选择放弃。

既然如此，那么便应当安排最为基础的日常礼仪为小学学习的内容；至于大道，则是大学才要探讨的问题。如果硬给小学生教大学里的知识，那一定会把学生都吓跑。况且，真正能做到“有始有卒”的人，毕竟是少数。对于那些中途放弃的学生而言，具备了小学、中学的知识，也足以让他们在社会中立足了。能有这样的见识，正是子夏教学生的过人之处。

说 词

始卒

始，是起点；卒，是终点。由起点和终点这一对反义词构成的始卒，表示一件事的全过程。像这样以一对反义词组成的词汇在汉语中也有许多，它们的学名叫偏义复词。

在偏义复词当中，最终组成的新词往往并不偏袒两个反义词的任何一方，而是允执其中，以中性词居多。正如我们所组的“始卒”一词。同样，像我们常说的褒贬人物，这个“褒贬”，既不是夸奖，也不是批评，而是从客观的角度如实评判一个人。

当然，也有左右逢源的词存在，比如“轻重”一词。在老舍的《四世同堂》中有这么一句话：“我知道他是小孩子，说话不懂得轻重。”在这句话中，“轻重”其实是指“他”说话重了。然而，在“我竟不知自己的轻重，冒犯了你”这句话里，轻重却是指“自己”身份地位太轻了。

“轻重”一词，在不同的语境里可轻可重，这也是非常有趣的一个现象。

有朋自远方来，
不亦乐乎？

周而不比

子曰："君子周而不比，小人比而不周。"

——《论语·为政》

Confucius said, "A wise man is broad-minded and not partisan. A mean man is partisan and not broad-minded."

注　释

周：表示亲近，这里指团结。

译　文

孔子说："君子团结而不勾结，小人勾结而不团结。"

解　字

020 比

比，在甲骨文中，是一前一后紧挨着排队的两个人。因此，"比"在最开始指并列着、紧挨着的意思。唐朝的王勃有一句诗："海内存知己，天涯若比邻。"这个"比邻"，就是近邻的意思。

我们再来从字形上看看"比"字——两个人一直挨在一起。古人云：日久生情。当然，生出来的情也分两种。第一种

让两人变得亲密了起来，结成了死党。第二种则让两人变成了对头，结成了冤家。

不幸的是，无论是哪一种结果，都让“比”变成了略带贬义的字。前一个结果，让“比”演变出了勾结的意思；而后一个结果，又让“比”引申出了比较、攀比的意思。

所谓“周而不比”，“周”是团结，“比”是勾结。团结、勾结，仅一字相差，但意思上可差远了。团结，是一种包容他人的相处之道，你和你的朋友可以有不同的爱好，不同的见解，但这些都不会影响你们的友情。而勾结，却是一种充满计较与算计的交情，一点点的异见、一点点的利益，都可能会让交情破裂。

说 词

比及

比及，即等到……的时候。比，是靠近；及，是到达。“比及”一词如果逐字解释，其实是逐渐靠近，最终到达的意思。不过古人在使用这个词语的时候，将它的概念从空间转移到了时间，它的最终目标并不是一个位置，而是一个时间点。这是我们要注意的。

益友与损友

孔子曰："益者三友，损者三友。友直，友谅，友多闻，益矣；友便辟，友善柔，友便佞，损矣。"

——《论语·季氏》

Confucius said, "There are three kinds of friendship which are beneficial and three kinds which are injurious. Friendship with the upright; friendship with the faithful; and with the man of much observation: such friendships are beneficial. Friendship with the plausible; friendship with the insinuating; and with the glib-tongued: such friendships are injurious."

注　释

谅：诚信。

便辟：巧避人之所忌以求容媚者，也就是知道别人爱听什么不爱听什么，于是就专挑对方爱听的说以求讨好对方的人。

善柔：即面色柔美，当然这个柔美不是指外貌，而是指表情的平和。也就是指我们现实生活中那种没有原则、对谁都特别友善的"和事佬"。

便佞：夸夸其谈的人。

译　文

孔子说："有益的朋友有三种，有害的朋友有三种。与正直的人交朋友，与诚信的人交朋友，与见多识广的人交朋友，是有益的；与谄媚逢迎的人交朋友，与好好先生交朋友，与夸夸其谈的人交朋友，是有害的。"

021 益

“益”的甲骨文字形中，下半部分为“皿”，也就是装水的容器，上半部分则是水漫过瓶口的图画。这样一幅图画，让“益”的本义昭然若揭——满出、溢出。

当然，在日常使用中，并不是只有满出的水可以用“益”来形容。大户人家的粮食多得漫出了谷仓，边上看热闹的人也可以羡慕地高喊：“益了！益了！”或许正是这几声叫喊，让“益”又有了富足、富有的引申义。如果各位在读书的时候看到书中说谁“家甚益”，那他可就算是富得流油了。

当然，财富并不是从天而降的，而是需要一步步地努力去慢慢累积的。因此，“益”又演变出了增加的意思。而努力增加的东西，当然都是些好东西，所以“益”还有好处、有帮助的意思。

一个字变出了这么多引申义，放在文章当中难免会让读者疑惑：这里的“益”字，到底是哪一个意思呢？古人也意识到了这个问题，所以为了减少歧

义，他们决定给它加上三点水旁，新造了一个“溢”字，专门来指满出、溢出的本义。而后来的引申义，则继续由“益”来承担。

“益者三友”，这里的“益”，是指有益处的，有好处的，有帮助的。

说　词

损益

损益，也可以反过来说——益损。益者三友，损者三友。益，是增长，有好处；损，是亏缺，有坏处。损和益是一对反义词，而“损益”则是一个由反义词组成的偏义复词。不过，“损益”一词倒是有一些偏好，它在损、益二者之间，更偏向于益的一边，因此我们可以把它理解为革新、变革的意思。

孔子的弟子子张曾经问孔子：“老师，您能预测一百年后的发展吗？”孔子说：“我们只要读懂历史就能预测未来。商朝是夏朝的继承者，它们的体制间有哪些损益，我们是知道的；而周朝又是商朝的继承者，这二者体制间的损益，我们也是知道的。因此，只需要比较每一次改朝换代的损益，把它们琢磨透了，哪怕一千年之后的历史都是可以预测的啊。”

然而，读懂历史真的那么简单吗？德国的哲学家黑格尔说：“人类从历史中学到的唯一教训，就是人类无法从历史中学到任何教训。”那么，到底是孔子太乐观了，还是黑格尔太悲观了呢？

人而无信，不知其可也

子曰："人而无信，不知其可也。大车无輗，小车无軏，其何以行之哉？"

——《论语·为政》

Confucius said, "I do not know how men get along without truthfulness. A carriage without a harness and a cart without a yoke, how could they go?"

注　释

輗、軏：古代大车由牛来拉，小车由马来拉。但无论是牛还是马，在拉车的时候，身前都要固定一根横木，以供它们使力。而固定这根横木，需要一个小零件。在大车上，这个零件叫"輗"；在小车上，这个零件叫"軏"。一辆车可以没有座椅，没有扶手，甚至轮子也能破个缺口，但缺少了这两个不起眼的小零件，就会寸步难行。

译　文

孔子说："做人不讲信用，那不知该怎么办了。就像大车没有輗，小车没有軏，靠什么来前行呢？"

022 信

信，由一人一言组成。人言即是“信”，“信”就是说人话。如此看来，诚信很难吗？不过是说人话而已嘛。但诚信又真的很简单吗？实在是有太多的理由在“阻止”我们说人话。

这次考试没有考好，但如果告诉爸妈今晚就没电视看了——那还是先瞒着吧。答应过自己要好好学习，可朋友们今天都出去玩了——那少学一天也不要紧。懦弱与懒惰，总是让我们在不经意间丢失诚信，让我们不说人话。

因此，每当面临这样的抉择时，我们不妨先想想孔子的这句话：“人而无信，不知其可也。”看似我们不过是犯了一个小错误。然而輗和軏虽然也只是看似不起眼的小零件，但他们的缺失会令整辆车寸步难行。人的信用也是如此，谎言并没有大小之分，每一句谎言都有可能令我们失信于人，其何以行之哉？

《西游记》中，花果山的猴子们聚在一起要选出一位猴王。经过商议，大家决定让头一个能翻过水

帘洞而毫发无损的猴子当王。最终孙悟空胜出，他引经据典说："人而无信，不知其可。"众猴子们也信守诺言，还真让它当了美猴王。猴子们都知道要诚实守信，难道人还不如猴子吗？

说 词

信用

信用，即信之用，诚信的用处。诚信，从道德的角度说是一种良好的品质。在实际生活当中，也有格外重要的作用。古人有云：好借好还，再借不难。现在，一个人也可以单凭信用，在不需要任何抵押与担保的情况下从银行借贷出钱来。

事实上，在现代金融领域中，诚信的作用更加凸显。如果有人不守诺言，成为失信被执行人，那他面临的就不仅仅是借钱之难，而是在衣食住行的各个方面都会受到相应的限制。比如在中国，"老赖"连飞机都不能坐，难怪孔子会说："其何以行之哉？"

见贤思齐

子曰："见贤思齐焉，见不贤而内自省也。"

——《论语·里仁》

Confucius said, "When we meet with men of worth, we should think how we may equal them. When we meet with the worthless, we should turn inwards and examine ourselves."

注　释

齐：向……看齐。

省：反省。

译　文

孔子说："见到贤德的人，就思考怎样能向他看齐；看到不贤德的人，就反省自己（看看有没有跟他一样的毛病）。"

解　字

023 见

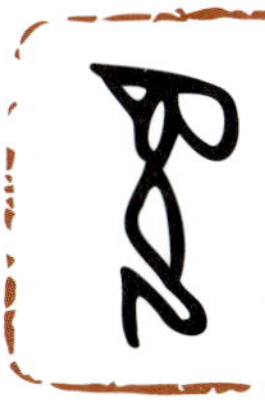

甲

见，是一个非常直接的字。仓颉在造"见"字的时候，先画好一个人，再给他添上了一只巨大无比的眼睛，这只眼睛比他的身体还要大，压得他只好跪坐下去才能

托起这只大眼。仓颉就是通过突出、强调眼睛这个器官，来表示看的意思。

当然，“看”与“见”还是有些不同的。看，指的是借助眼睛观察的这一动作；而见，则是该动作已经完成，已然有看到的结果了。所谓“见贤思齐”，也需要先瞧明白：哦！他的确是一个贤人。通过仔细地看而终于能有所见，才能最终去学习贤人身上所见的优点。

正因为“见”是一种追求结果的看，所以一件东西显露出来，为人所看到也常用“见”字来表示。有个成语叫图穷匕见，这里的“见”，就是显露、露出的意思。

战国时期，中原大地上秦国最为强大，其余列国都畏惧秦国的虎狼之师。而列国之中，又数燕国的势力最弱。因此燕国的太子更是惶惶不可终日，万般无奈之下，他聘请了当时的著名刺客——荆轲，求他去刺杀秦王，期望强大的秦国能从内部被瓦解。

于是，荆轲准备了两样物件：其一是一把由毒药熏制而成的匕首，只需在对方身上划出一道伤口，便可立刻置对方于死地；其二是燕国最肥沃的一块土地的地图。古时候地图有着非常重要的战略和象征意义，献出地图等同于献出这块土地。这卷地图，正是燕国设下的诱饵，以土地诱使秦王接见荆轲。

荆轲将剧毒的匕首藏在地图之中，又卷起地图放入珍贵的木匣。临别之际，他对燕太子唱了一首歌：“风萧萧兮易水寒，壮士一去兮不复还。”之后便抱着必死的信念踏上了前往秦国的征程。

贪婪的秦王听闻燕国有使者携地图来见，果然立刻命他上前。藏在地图里的匕首躲过了守卫的搜查。荆轲在秦王面前慢慢展开地图，直到最后一折翻开，一把偷着寒气的匕首出现在秦王眼前。荆轲一把抓起匕首，丢下地图向秦王扑去——这就是成语图穷匕见的由来。

然而，荆轲的刺杀最终还是失败了，秦王用自己的宝剑将他砍倒在地上。残虐的秦王最终也如愿灭掉了中原大地上的所有国家。然而，他自以为能传至万世的帝国，却不过刚传给自己的儿子——第二代就亡了。强大的邪恶或许能战胜最为坚强的个人，但却永远不能战胜历史。因为历史能够看见。

说　词

再见

在与别人告别时，我们都会说“再见”这两个字。再，即是再次；见，即是见到。再见，是一种充满着期待与盼望的告别。还未离开，就已憧憬下一次的会面。这样不舍的情感，全世界共通。德语的再见，是 Auf Wiedersehen，如果直译过来，是直到我们再次相聚。而英语中的情感就更为迫切——see you soon，要尽快再次见到你才好呢。

孔子绝不犯的错

子绝四："毋意，毋必，毋固，毋我。"

——《论语·子罕》

There were four things from which Confucius was entirely free. He had no foregone conclusions, no arbitrary predeterminations, no obstinacy, and no egoism.

注　释

毋：不要，杜绝。

译　文

孔子杜绝了四种缺点：不凭空猜测，不拘泥绝对，不固执己见，不唯我独尊。

解　字

024 绝

绝，便是断丝。在甲骨文中，"绝"字是被刀砍断的丝线的形状。随着字形的演变，"绝"中的"刀"逐渐演化为"色"字，最终让"绝"成了现在的样子。

提到断丝，大家一定会想到孟母断

机的故事。孟子小时候不爱学习，常常上学上到一半就偷偷溜回家玩。孟子的母亲看孟子不学好，又是操心，又是发愁。有一天，孟子又从学校逃回了家。孟母当时正在织机上织布，看到孟子逃学归来，一怒之下剪断了自己正织到一半的布。

孟子虽然读书不甚用心，但穷人的孩子还是早当家，知道为一块布母亲需要付出巨大的心血，所以他赶忙向母亲赔不是。孟母也教育他说："学习不能坚持下来，就像织到一半的布被剪断一样——都是对之前所有努力的浪费！"孟子又惭愧又难过，自此以后，他再也没逃过学。

从孟母这斩钉截铁的"断机"中，我们也可以看出"绝"字的力量。这一种断绝、杜绝，并不是我们常见的藕断丝连、若即若离的分离，而是与对方彻头彻尾、再也不见的诀别。

"子绝四"，也就是说，意、必、固我是孔子永远都不会犯的错误。面对自己的缺点与毛病，我们所需要的也正是这一种"绝"的态度啊。

说　词

绝对

绝对的绝，即不容置疑、不可讨论，充满了一种果决、固执的情绪。而绝对，便是无论如何，不计条件，认为某个观点一定就是对的——它不给人任何商榷的余地。然而，孔子所说的“毋必”，就是要放下这样一种绝对的心态。一个观点的正确，靠的是它能禁得住一切质疑，而不是空喊它不容置疑，这其中的区别实在是太大了。

人不知而不愠，不亦君子乎？

君子固穷

在陈绝粮。从者病，莫能兴。子路愠见曰："君子亦有穷乎？"子曰："君子固穷，小人穷斯滥矣。"

——《论语·卫灵公》

When Confucius and his disciples were in the Chen State, their provisions were exhausted. His disciples were too ill to rise. Zi-lu, with discontent in his look, asked, "A wise and good man, can he be reduced to such distress?" Confucius replied, "Yes, a wise and good man should meet with distress, but a fool in distress would become reckless."

注　释

愠：愤怒、怨恨。

固：固然。

滥：胡作非为。

译　文

（孔子和学生）在陈国断绝了粮食。学生们都饿坏了，躺着爬不起来。子路满脸埋怨去见孔子，说："君子也有困厄的时候吗？"孔子说："君子固然也有困厄的时候，（但不会像小人那样，）小人困厄的时候，就无所不为了。"

025 病

在甲骨文中，“病”所画的是一个躺在床上大汗淋漓的人，想必他正因发烧而浑身冒虚汗，痛苦不堪。“病”的本义，是病情加重。《论语》中有一则：“子疾病，子路请祷。”这句话中的疾，是疾病；病，则是加重。整句话译为：孔子的病情加重了，危在旦夕，子路很担心，只能向上天祈祷，求老师康复。幸而孔子最后的确转危为安，也不知其中有没有子路祈祷的功劳。

不过后来以至于今，“病”都主要指生病、疾病的意思。在这句话中，“从者病”的“病”，就是因饥饿而生病的意思。

除了身体上的病痛以外，心理上的忧患也可以用病来形容。孔子说：“君子病无能焉，不病人之不己知也。”君子只担心自己的能力不足，从不担心别人发现不了自己的才能。这句话中的“病”，就是担心的意思。

说　词

病入膏肓

在中医体系中，膏指心尖脂肪，肓指心脏与横膈膜之间的位置。中医认为，膏肓之间是药物不能到达的地方。因此，病入膏肓，即无药可医、无可救药的状态。

春秋时期，晋国的国君晋景公突然得了重病，生病期间，他还不断做噩梦。为求平安，他请来了一名巫师为他占卜，但巫师却说："国君，今年新收的麦子你是吃不上了啊。"

可景公不愿放弃希望，从秦国请来了当时最好的医生。医生到达的前一晚，景公又做了噩梦，梦到两个小孩在玩躲猫猫。一个小孩说："据说最厉害的医生要来找我们了，我们躲在哪里好呢？"另一个小孩说："我们躲在膏和肓之间，他一定拿我们没办法。"

次日，医生到了，看了看景公的病情，果然摇了摇头："国君已病入膏肓，无药可医了。"景公一听，医生的诊断正与自己昨晚的噩梦相合，便大大赏赐了这个医生，称他的确是个良医。同时，也放弃了对自己的治疗。

然而，没承想，景公竟然真的挨到了小麦丰收的季节。他立即下令做了两件事：其一是派人赶忙收割小麦，为自己煮了一碗新麦饭；其二是找来了最开始占卜的巫师，对他炫耀说："你不是说我吃不上今年的小麦了吗？你看看我碗里装的是什么！"言罢，就下令砍了他的脑袋。

但在景公一切安排妥当，准备下箸之前，他却突然内急，赶忙往厕所跑，结果就死在了厕所里——最终也没吃上那碗新麦饭。

看来，做人还是不能得意得太早。假使景公愿意先耐住性子，吃完麦饭再跟巫师算账，巫师的占卜也就不会应验了。

解　字

026 兴

兴，在甲骨文中，是四只手共同举起一个大盘子的图案。一个盘子需要这么多人举，必然是个意义非凡的盘子。“兴”字可能是对古代祭祀活动中某个重要环节的模拟——众人共同高高举起装着祭品的礼盘，祈求天神的庇护。

由于这么一个祭祀动作，“兴”有了起来、兴起的意思。在这一则中，“从者病，莫能兴”的“兴”，就是指起身、起立。另外，我们常说的“中华民族伟大复兴”中的“兴”，则是将托举起的物件由具体化为抽象，意思是托举起中华民族的未来。

说 词

比兴

比兴，是古代诗歌的两种写作手法。朱熹说："比者，以彼物比此物也。兴者，先言他物以引起所咏之词也。"

比，就是用一样东西来比喻另一样东西，让读者能更形象地认识作者所描绘的对象。例如《诗经》中有一篇《硕鼠》："硕鼠硕鼠，无食我黍！"（大老鼠啊大老鼠，不要来吃我的黍！）这句诗看似是在骂大老鼠，但其实作者的家里并没有闹鼠患。他是在用老鼠比喻盘剥百姓的官员。读者读罢也一目了然——这些官员就像老鼠一样可恨呢！

兴，则类似我们常说的触景生情和借景抒情。诗人先通过对环境氛围的描写，为接下来的抒情做铺垫。如果是兴高采烈，便先写晴空万里；如果是阴郁哀愁，则先写淫雨霏霏。如《诗经》的第一篇《关雎》："关关雎鸠，在河之洲。窈窕淑女，君子好逑。"诗人先听到雎鸠鸟关关的叫声，就立刻想起了自己心爱的姑娘，盼望与热切之情油然而生。

因为"兴"，我们常说中华民族是一个含蓄的民族，不愿意直接表达自己的感情，而是喜欢先绕绕弯子，讲讲天气，侃侃风景。殊不知，正是这种我"笑万物都笑，我哭万物亦哭"的情怀，才体现出中华民族过人的浪漫呢。

027 穷

“穷”的繁体字写作“窮”，上为“穴”，也就是洞穴；下为“躬”，也就是弯着腰。弯着腰在狭小的洞穴里寻找出口，很像是陶渊明所写的《桃花源记》中武陵捕鱼人的经历。捕鱼人在河岸边看到一个透光的小洞，便好奇地钻了进去：“初极狭，才通人，复行数十步，豁然开朗。”找到出口的捕鱼人走进了桃花源。但“穷”字中的主角就没有这般好运了——他没有找到出口，只好困在洞穴之中。因此，“穷”的本义为道路阻塞不通。

后来，人们给“穷”字又升了级，不但行走的道路，我们漫漫的人生路也能用“穷”来形容。这里必须强调一点，古人的“穷”，并不是指金钱上的匮乏，而是用以表示人生中遇到的困厄与绝境。子路问：“君子亦有穷乎？”其实是问：“难道君子也有不得志的时候吗？”

在子路看来，既然他是一个君子，那人人都必须喜欢他，人人都必须支持他，他只能一路顺风顺水才对——君子怎么能受

委屈呢？连君子都要受委屈，这世上还有没有天理了！

但如果的确如子路的设想，只要做了君子，哪怕不学习，不工作也能告别穷厄，那做君子岂不就是世界上最简单的事情了吗？

君子必然需要面对挫折，面对非议。而君子，也只有在挫折面前，在质疑面前，才能表现出自己与小人的区别。君子，穷则独善其身，达则兼济天下。发达之时的小人或许也会同君子一样兼济天下，但在困厄之中，却一定是“穷斯滥矣”。

说 词

贫穷

孔子说：“贫而无怨难，富而无骄易。”贫穷的人对社会没有埋怨是很难的，而让富有的人做到不骄傲、不傲慢却很简单。在古代，“贫”才是与“富”相对、表示财务匮乏的词。而穷，则是指人生遇到了困境，没有发展前景。所谓人穷志短，正是因为看不到自己长远发展的可能性，才只能放弃理想志向，将目光置于眼前的琐事当中。

既没有钱财作为靠山，又没有未来发展的希望，“贫穷”实在是最为悲惨的一个词了。唐朝的王勃说：“穷且益坚，不坠青云之志。”越是困厄，就越要坚定自己的志向。这还真有孔子所说“君子固穷”的气势了。

何时言，何时笑，何时取

子问公叔文子于公明贾，曰："信乎？夫子不言不笑不取乎？"公明贾对曰："以告者过也！夫子时然后言，人不厌其言；乐然后笑，人不厌其笑；义然后取，人不厌其取。"子曰："其然！岂其然乎？"

——《论语·宪问》

Confucius enquired about Gongshu Wenzi from Gongming Jia, "Is that true that your teacher never speaks, never laughs and never takes?" Gongming Jia replied: "They why say that are mistaken. My teacher speaks when it is time to speak. Therefore, people do not get tired of his speaking. He laughs when it is time to laugh. Therefore, people do not get tired of his laughing. He takes when it is consistent with righteousness. Therefore, people do not get tired of his taking." Confucius said, "So! Is it really so with him?"

注　释

公叔文子：卫国大夫。

公明贾：公叔文子的使臣。

译　文

孔子向公明贾询问公叔文子的为人："（传言）是真的吗？先生他不说话，不笑，不取财吗？"公明贾回答说："这是传话人言过其实了。先生他只在该说话的时候说话，所以人们并不讨厌他说话；他也只在快乐的时候笑，所以人们也不讨厌他笑；而他也只收取正当的钱财，所以人们也不讨厌他取财。"孔子说："这样啊，真的是这样吗？"

解　字

028 取

从"取"字，我们可以看到远古时期战争的残酷与野蛮。在甲骨文中，"取"的左边是一只耳朵，右边是一只手。"获者取左耳。"当时，战败一方的军民被俘虏后，都会被胜利者割下左耳作为标记。而"取"字所描绘的，正是这样一个割耳朵的场景。

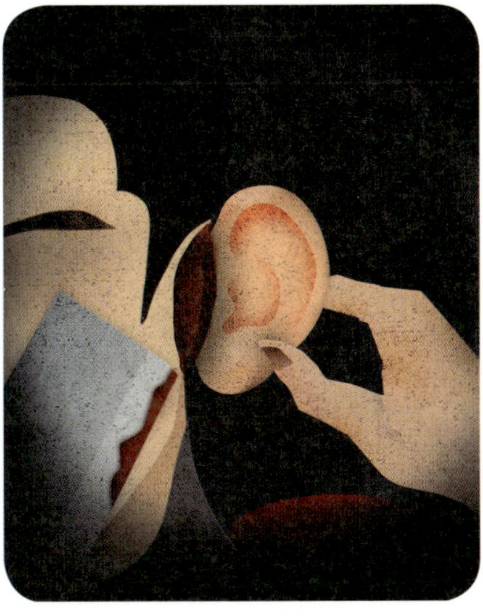

有着这样的起源，"取"也便有了天生的争夺性，它特指以占有为目的的获得。只不过，君子爱财，取之有道。所谓"义然后取"，只有通过正当途径得来的财物才可以说取就取。

说　词

取舍

"取"是拿起，"舍"是放下。中国人实在是很有辩证思维，才会对反义词组词如此地迷恋。同时，古人又留下了另一句非常辩证的话：有舍才能有得。中国人认为：舍在取之中，取亦在舍之中。只有学会放下眼前的利益，才能在未来有更大的收获。

楚汉相争的时候有位大人物叫韩信，他武功高强，走到哪都带着一把宝剑。同乡的小混混们看他这么喜欢装派头，心里很不是滋味，便把他围了起来，要跟他比试比试。可无论小混混怎么挑衅，韩信都不肯出手。

最终小混混们玩腻了，其中为首的对韩信说："看你那怂样！我们也不为难你了，来！只要你从我胯下钻过去，我们就放了你。"结果韩信二话没说，当时就趴在地上钻了过去。小混混们也信守诺言，十分满意地走了。

宋朝的大文豪苏轼说："古之所谓豪杰之士者，必有过人之节。人情有所不能忍者，匹夫见辱，拔剑而起，挺身而斗，此不足为勇也。天下有大勇者，卒然临之而不惊，无故加之而不怒，此其所挟持者甚大，而其志甚远也。"

如果韩信只是匹夫之勇，面对小混混的叫嚣立刻拔剑而斗，其结果虽然是大快人心，每一个小混混都会变成他的刀下鬼，但随后迎接他的，则是牢狱之灾甚至是杀头之祸。俗话说："千金之子不死于市。"为几个小混混搭上自己的性命实在可惜。

所以韩信选择了另一条路，舍下了一时的"面子"，忍住了一时的愤怒。为的是让自己在另一个更大的舞台上取得真正的成就——最终他当上了刘邦手下的大将军，成为建立汉朝的大功臣。获得了"韩信带兵，多多益善"的美誉。

孔子说："小不忍则乱大谋。"何处为小，何处为大？何时该取，何时该舍？这些都与我们的心境和能力有关。

修己以敬

子路问君子。子曰："修己以敬。"曰："如斯而已乎？"曰："修己以安人。"曰："如斯而已乎？"曰："修己以安百姓。修己以安百姓，尧舜其犹病诸！"

——《论语·宪问》

Zi-lu enquired what constituted a wise and good man. Confucius said: "The cultivation of himself in reverential carefulness.""Is this all?""He cultivates himself so as to give peace to others.""Is this all?""He cultivates himself so as to give peace to all the people; and, judged by that, even Yao and Shun felt their shortcomings."

注　释

子路：姓仲，名由，字子路，孔子弟子。

译　文

子路问什么是君子，孔子说："修养自己，以对万物有敬畏心。"（子路）说："这样就行了吗？"（孔子）说："修养自己，以使周围的人感到安乐。"（子路）说："这样就行了吗？"（孔子）说："修养自己，以让百姓感到安乐。修养自己，以让百姓感到安乐，连尧舜都担心做不到啊！"

029 修

“修”的本义，是修饰、打扮。我们现在去理发店，还会跟理发师说：“稍微修一下就行。”这就是“修”字的本义。当然，需要修饰的不仅仅是我们的外貌，还有我们的内心与头脑。所以，“修”还有学习和修行的意思。

“修己以敬”，就是通过对内心的修养，对万事万物保持敬畏之心。看到一只蚂蚁，你不再觉得它渺小，而会感叹大自然的精心创造。一张桌子，你也不再觉得是一件普通的家具，而是一位位匠人辛勤劳作的成果。

能有这样的心境，就已远超君子的境界。但子路却说：“如斯而已乎？”（仅此而已吗？）孔子知道子路好高骛远，只好耐着性子帮他又提升了一个层次：“修己以安人。”结果子路依旧不满：“如斯而已乎？”孔子只能直接将境界提升到了至人的水平：“修己以安百姓。”但孔子同时对子路也很了解，知道他还会不假

思索地继续追问，所以在子路开口之前，自己抢先说道：“这个境界尧舜都做不到呢！你也就想想就行了。”这才让子路住了嘴。

说 词

修正

修正，即通过修行，以至于正道。它本是一个非常庄严的词汇，但词语的意义，总是向着越发普及而随和的方向去发展的，否则，它便会因使用的机会太少而被人们所忘记。因此，“修正”现在指通过修改，以至于正确。修行与修改，正道与正确，虽然只是一字之差，但内涵上却相差千里。“修正”一词为了存活下来，不得不自降身价。这到底是幸也，不幸也？

博施济众

子贡曰："如有博施于民，而能济众，何如？可谓仁乎？"子曰："何事于仁，必也圣乎？尧舜其犹病诸！夫仁者，己欲立而立人，己欲达而达人。能近取譬，可谓仁之方也已。"

——《论语·雍也》

Zi-gong asked, "If there is a man who carries out extensively good works for the welfare of the people, and is able to assist the multitude, what would you say of such a man? Could he be called perfectly virtuous?" Confucius answered, "Why speak only of virtue in connection with him? One could call him a holy and sainted man. Judged by the works of which you speak, even Yao and Shun felt their shortcomings. For the man of perfect virtue, wishing to be established himself, he seeks also to establish others; wishing to enlighten himself, he seeks also to enlighten others. To be able to see things by what is nigh in ourselves, this may be called the method in attaining virtue."

注　释

能近取譬：近，即身边附近的事物；譬，即从浅显的事物中发现深刻的道理。

译　文

子贡说："如果有人能广泛地向百姓施舍并周济大众，怎么样呢？可以算仁吗？"孔子说："这哪仅仅是仁呢？一定是圣了啊！连尧舜都难以做到啊。仁，是自己想要有所建树，也帮他人有所建树；自己想要显达，也帮他人显达。能从身边的小事中发现深刻的道理，这就是实现仁的方法了。”

解　字

030 济

济，也是一个形声字。由三点水旁与表音的“齐”字组成。与水相关，“济”的本义是渡河。而古人也很善于联想，渡河就像是渡过难关。因此，“济”也有了周济他人、帮别人解决困难的引申义。

子贡说：“博施于民，而能济众。”他要帮全体劳苦大众实现小康，口气实在是不小。当然，子贡之所以敢夸下海口，也是因为他有“负”——他的钱实在是太多了。子贡是当时的大商人，孔子说他“亿则屡中”，只要他预测市场，一猜一个准，就没做过赔钱的买卖。因此，子贡是孔子三千弟子当中最有钱的一个。

当然，只说子贡是孔门首富还有些小看他了，整个中国历史上都少有像他那样的富翁。如果国君接见他，都必须把朝堂分成两半，自己一半，另一半要留给子贡，以表示尊敬。有个成语叫分庭抗礼，就是这么来的。

因为子贡的人生实在是太过成功，当时人们都说："子贡先生，你可比你的老师厉害多了。"但子贡却说："我的本领是人人都能看见的，就像是一堵三尺高的围墙，谁从边上过都能看到墙里面的风景；但孔子的能耐却只有境界很高的人才能看到，他的本领就像是藏在万仞宫墙之后的美景——所以你们才看不到啊。"

说 词

周济

周济，是一个同义复词，"周"和"济"都有着救助他人的意思。不过，帮助别人，也必须把握原则。

孔子的弟子公西赤因为公务要出使齐国，留下老母亲一人在家。他的同学冉求就替她向孔子申请一些补助，以此照应老太太的日常生活。孔子思考了一下之后说："那给她六斗四升粮食吧。"冉求担心可能不够，孔子说："那再增加二斗四升吧。"最终冉求自作主张，给了老太太八百斗的粮食。孔子听了之后并没有称赞冉求的慷慨，而是批评他说："公西赤去了齐国之后，骑的是高头大马，穿的是名贵皮衣。他难道没有照顾自己母亲的经济实力吗？君子救助他人，只是为了让别人渡过难关，而不是帮助别人发财。"

当然，孔子也有大方的时候。孔子有一个穷学生叫作原宪，他同时也担任孔门总管一职。在发工资的时候，孔子发给他了九百斗粮食。原宪因为太多而不愿接受。孔子跟他说："还是收下吧，你那边的乡亲们也都不容易，你可以拿去接济他们嘛。”

该大方的时候大方，该吝啬的时候吝啬。孔子教育我们：“君子周急不继富。”记住这个原则就可以了。

解　字

031 施

“施”字，是由右下角的“也”字，与一个代表旗帜的符号组成的。也，其实是“蛇”的本字。因此，“施”的本义，是指旗帜像蛇行一样随风飘动的样子。

依照古人的浪漫，随风飘扬，才是旗帜最快乐的时候。因为彼时它的状态最为舒展，也最大地发挥了自己的功用。因此，“施”引申出了施展才能、实施举措的意思。

子贡说：“博施于民，而能济众。”这里的“施”，是施舍、散布钱财的意思。但子贡的想法还是太过天真——难道靠发钱就能解救天下百姓吗？

曾经有人问孟子：“如果有人掉在水里了，你会怎么办呢？”孟子说：“当然是伸手把他拉上岸。”那人继续追问：“那现在全天下的百姓都淹在水里，怎么不见你去拯救他们呢？”孟子说：“救一个人可以伸手去拉，救天下人还一个个伸手去拉，这不是太蠢了吗？”

施舍也是如此，孔子说：“君子周急不继富。”君子的施舍，是为了帮助他人救急，而不是让别人靠自己的救济过上富足的日子，那样只会让自己白花钱，又养出了一个懒汉。而像子贡那样，想给全国人民发钱——非惹出通货膨胀不可呢！

说　词

施展

“施”和“展”，都是对旗帜非常友好的两个字。一个让它在天上飘，另一个则把它铺得平平整整的——无论哪一种情况，它都不必被团成一团塞在柜子里。能够被施展的旗帜，当然是最幸福的旗帜。而人亦是如此，也都盼着能有施展自己才能的舞台。

孔子晚年曾经慨叹：“吾岂匏瓜也哉？焉能系而不食！”匏瓜，其实就是葫芦。孔子一生不被重用，无法施展自己的抱负，因此他只能叹息：“唉！难道我就是个大葫芦吗？只能挂在墙上当个摆设，又不能吃又不能用。”然而，孔子虽不得志，但他却一生坚守“君子固穷”。面对许多功名利禄的诱惑，他并不动心。因为他知道，自己的使命是施展大道，而不是为人所用去换取富贵。

因此，当我们面临机遇时，也一定要看清，究竟它是能帮助我们施展才能、实现抱负，抑或只是一个最终会出卖自己的假象。孔子看清了这一点，于是他成了圣人。

耳聪目明，见得思义

孔子曰："君子有九思：视思明，听思聪，色思温，貌思恭，言思忠，事思敬，疑思问，忿思难，见得思义。"

——《论语·季氏》

Confucius said, "There are nine objects which a wise man aims at. In the use of his eyes, he is anxious to see clearly. In the use of his ears, he is anxious to hear distinctly. In regard to his countenance, he is anxious to be benign. In regard to his demeanor, he is anxious to be respectful. In what he says, he is anxious to be sincere. In business, he is anxious to be earnest. In doubt, he is anxious to question others. In anger, his object is to think of consequences. In view of personal advantages, he thinks of righteousness."

注 释

难：后患。

译 文

孔子说："君子有九种思考：看，要想着怎么看得更明白；听，要想着怎么听得更清楚；面色要温和；举止要庄重；讲话要忠诚信实；做事要恭敬小心；有问题要多请教；愤怒时要思考发怒引起的后患；见到财物要想想收取是否正当。"

解　字

032 明

抬头望天，那天上最亮的物件就要数太阳和月亮了。古人也很聪明，就直接把“日”和“月”拼在一起组成“明”字，用以表示明亮、光明的意思。而亮堂的东西自然也都能被人瞧得很真切，所以“明”又引申出明白、清楚和视力好这两个引申义。

孟子说：“存乎人者，莫良于眸子；眸子不能掩其恶。胸中正，则眸子瞭焉；胸中不正，则眸子眊焉。”眸子，就是眼睛。自古以来，眼睛都被视作心灵的窗户。孟子说，内心端正，那眼睛就一定明亮。在这样的文化背景下，“明”又从视力好引申出了内心聪明、明事理的意思。

这句话中，“视思明”，便是瞧了就一定要瞧清楚、瞧明白的意思。

说　词

明亮

“明”和“亮”，都是表示光线充足的字。两者相合组成

“明亮”，也是一个同义复词。不过，在这里，我们并不是要讨论这两个字的意义，而是要从它们的字形，去发现古人的一点小聪明。

明，在古代除了日字旁以外，还有另一个常见的写法，是“囧”字旁，写作“朙”。囧，是窗户的形象。月光透过窗户洒进房间，让人联想到张若虚《春江花月夜》中“玉户帘中卷不去，捣衣砧上拂还来”一句。从窗帘间偷入房间的月光，照在姑娘的捣衣砧上，姑娘用手轻抚，想扫去月光的打扰，可刚一抬手，清凉调皮的月光就又重新落回砧上——还有比凭窗望月更浪漫的光亮吗？以此来造“朙”字，实在是比“明”还要高明。

至于“亮”字，也暗藏着古人的心思。古人早早地就知道，住得高采光一定好；除了对采光有要求，古人还天真地认为，住得越高，离神仙也就越近。李白在山顶的小庙里写下：“不敢高声语，恐惊天上人。”说的就是这个道理。但也因此，古代的君王们都喜欢造高台，最具代表性的，自然是商纣王所造的鹿台。另外，春秋时期楚国有个楚灵王，他也造了个章华台。楚灵王有个特殊的癖好——特别喜欢瘦子。所以章华台落成后，他规定只有瘦子才有资格陪他一起登上去瞧瞧。因此，无论是后宫佳丽，还是满朝文武，都开始努力减肥——结果饿死了不少人，连楚国的朝堂都泛着饥饿的黑光。言归正传，回到“亮”字。亮，上为“高”，下为“几”，也就是放置在高台上的几案。大太阳下，垒起高台，设好几案，毫无遮挡，神仙一低头就能瞧见——那还能不亮吗！

解　字

033 得

在甲骨文中，“得”由一只手和一个被打开的贝壳组成，很像是养蚌人打开贝壳，拿取里面珍珠的动作。而随着字形的发展，后人又给这个字加上了代表行走的双人旁。意思是我不但拿了，我还拿了就走。由此，“得”便有了得到、获得的意思。

见得思义，指看到可得之物，先想一想义，若合乎义，再得也不迟。

说　词

得意

得，是获得、满足；意，是心愿、心意。得意，便是满足了心愿，称心如意，心满意足。唐朝有个诗人，叫孟郊，他家里很穷，运气还不太好，一连考了许多次科举都未能如愿，孤苦伶仃地过了大半辈子，年近五十却时来运转，突然考上了进士。有了身份的孟郊兴奋地赋诗一首：“昔日龌龊不足夸，今朝放荡思无涯。春风得意马蹄疾，一日看尽长安花。”都已是年近半百的老人了，竟还要“一日看尽长安花”，可见他不仅是得意，简直是得意忘形咯。

君子有错必改

子贡曰："君子之过也，如日月之食焉。过也，人皆见之；更也，人皆仰之。"

——《论语·子张》

Zi-gong said, "The faults of the superior man are like the eclipses of the sun or the moon. When he fails, all men see it; but, when he corrects them, all men look up to him as before."

注 释

仰：仰望，敬仰。

译 文

子贡说："君子犯错，就像日蚀月蚀一样（毫不遮掩，又一定改正）。犯错的时候，大家都能看见；在他改正的时候，大家也都很敬仰。"

解 字

034 更

更，是一个形声字，它的顶上是一个表音的"丙"字；下半部分，则是手持马鞭的形状。大家可能会问，"丙"与"更"的读音差了十万八千里，"更"怎么会是形声字呢？这

是因为在最开始，“更”其实是“鞭”的本字——更，就是手里拿的鞭子。同样，它也读作“鞭”，“鞭”和“丙”的读音可就差不多了。

后来，或许是因为人们发现了鞭子的功用——把它抽在马屁股上，可以修正马匹奔跑的方向；而把它打在小学童的屁股上，也可以作为惩罚。因此，“更”的本义逐渐淡化，反而开始表示更改、改变的意思。再后来，人们都忘记了“更”还有鞭子的意思，只能又另造了一个“鞭”字来使用。

在这句话中，更，便是改正错误的意思。

说　词

更改

在许慎的《说文解字》中，对“更”的解释是“改也”，而对“改”的解释是“更也”——许慎先生可实在是太能偷懒了。事实上，“更”和“改”在甲骨文中也非常相像——它们的字形中都有手持马鞭的部分。

只不过，“改”字在扬起的鞭子下，又加了一个跪着的人形，借以强调被管教的对象。用鞭子惩罚犯人，以让他们改正错误，此为“改”字的起源。然而“更”字，即便努力地想靠注音符号来提醒读者“我读作‘鞭’！”，却还是随着历史的发展，模糊了自己最初的字形，更丢失了自己的本义，成了“改”字的替补。

君子坦荡荡

子曰："君子坦荡荡，小人长戚戚。"

——《论语·述而》

Confucius said, "A wise man is composed and happy; a mean man is always worried and full of distress."

译　文

孔子说："君子坦荡心胸宽广，小人时时焦虑忧愁。"

解　字

035 戚

戚，在甲骨文中，是一把大斧头的形状。与它类似的，还有"戊""戌""戍""戎"，甚至是"我"字。如果做一个或许有些以偏概全的总结，凡是能在字形中找到"戈"这个字的，都与古代的兵器脱不了干系。

但是要具体地说戚、戊、戌这些字分别代表着什么规格的斧头，又各自有什么特色与作用，却是一个现在难以解答的问题：或许它们只是有着不同的花纹，供不同身份的贵族使用。但在礼崩乐坏、人心不古的时代，它们的区别便立刻失去了意义——毕竟连季氏这样一位没有爵位的大夫，都任意地用

起了天子的礼器，那又有谁会继续老老实实地用低级的斧头呢？用了岂不是表明自己地位还不如小小的季氏吗？如此，最终的结果，只能是所有人都平等地用起了最高级别的斧头——管他戊不戊、戉不戉的呢！

而孔子，面对这样的乱象，也只能伤心地摇着头叹道：“唉！觚不觚，觚哉？觚哉？”

虽然已经没人能够记得“戚”到底是哪一种斧头，但好不容易造出来的“戚”字总不能浪费，所以古人又给它添上了许多新的意思。

比如这句话中的“戚”，就是忧愁、担忧的意思。君子坦荡荡，是因为君子乐天知命；小人长戚戚，是因为小人患得患失。

说 词

亲戚

今天，“亲戚”一词泛指一切跟我们有血缘关系的人。但在古代，“亲”与“戚”却指代着不同的群体。亲，指的是与父亲相关的亲人，比如伯伯、姑姑、堂兄妹等；而戚，则是与母亲相关，或是与妻子相关的亲人，如舅舅、连襟、表兄妹等。也由此，古代有内亲外戚的说法。

但这个说法，却并没有疏远“戚”的意思。事实上，家族中的许多大事，都必须请舅舅做主。而这个风气甚至也蔓延到了皇帝家里——外戚把持朝政是中国历史上屡见不鲜的情形。那么，皇帝的内亲们都去哪了呢？原来他们早在争夺太子之位的斗争中，就死的死，逃的逃，只有最后的胜利者才能在登基后孤苦伶仃地活着。

而这当中最具代表性的“胜利者”，当然要数秦二世胡亥，为了夺取皇位，他亲自杀了二十多个兄弟姐妹。若不是秦朝二世而亡，他的亲生子女也必将迎接相同的命运。如此看来，古代这万人敬仰的皇位，到头来坑得还全是自家人啊。

凡事莫强加于人

子贡曰："我不欲人之加诸我也，吾亦欲无加诸人。"子曰："赐也，非尔所及也！"

——《论语·公冶长》

Zi-gong said, "What I do not wish others to do to me, I also wish not to do to others." Confucius said, "Ci, you have not attained to that."

注　释

诸：为"之于"的合音字。

译　文

子贡说："我不想别人给我强加些什么，我也不想给别人强加什么。"孔子说："端木赐啊，这个你未必能做到啊。"

解　字

036 加

加，在刚被造出来的时候，并不是增加、添加的意思，而是夸奖、赞赏的意思。加，由一力一口组成。古代中国是农业社会，谁家的壮劳力多，那他们在种地的事业上就拥有了更大的优势。而其他人家则只能在一旁羡慕地称赞。加，便是张口夸奖壮劳力的场景。

但后来，人们在具体的使用中似乎误解了“加”字的起源。他们错误地认为，一力一口，是用力叫喊，以污蔑、憎骂他人的意思。为了减少这一误用，后人只好专门在“加”的顶上，又添上了“壴”字，合成了“嘉”。壴，是陈列乐器的意思——但这乐器可不能白摆开，你总得唱首赞歌才对得起它。由此，“嘉”便取代了“加”的位置。

不过，被剥夺了本义的“加”，也并没有被浪费，人们赋予了它新的意义：增加、施加。

子贡说：“我不欲人之加诸我也，吾亦欲无加诸人。”我不想别人给我强加些什么，无论是观点，还是财物；同样，我也从不给别人强加任何东西。孔子则笑了笑：“你作为一个商人，怎么可能做得到这一点呢？”

商人的使命，就是要把自己的商品推销给别人。既然如此，那广告和宣传都是免不了的——这不就是在给公众强加消费观念吗？

说　词

加法

加法，其实就是“加”的法则，是数学的基础。加减乘除四则运算，其实都是加法的各种变形。帮助我国造出原子弹的手摇计算器之所以能进行复杂的运算，其背后的原理，就是用机械结构将每一次的计算都还原为加法。

而由假借获得新生的“加”字，或许也标志着数学这一学科的诞生——将具体物件的数量变化总结为抽象数字的增减，无疑是一次人类智力发展的巨大飞跃。自此以后，在与生俱来的感官以外，人类又拥有了可以借以重新认识世界的理性工具。为此，许多哲学家兴奋异常——古希腊的毕达哥拉斯就认为“数是万物的本原”。

在他看来，我们的世界就是依循着数学规律而运行的，而数字，又是一切物质的本原。两个点，可以组成一条线；三个点，可以形成一个面；而四个点，就能构成立体的形状……以此类推，无数个点就能构造出这复杂的世界。如今，毕达哥拉斯的设想或许即将变为现实。堆砌起虚拟现实与元宇宙的砖块，就是二进制的两个数字 0 和 1 而已。

士不可以不弘毅，
任重而道远

仁以为己任

曾子曰："士不可以不弘毅，任重而道远。仁以为己任，不亦重乎；死而后已，不亦远乎。"

——《论语·泰伯》

Zeng-zi said, "An educated gentleman may not be without strength and resoluteness of character. His burden is heavy and his course is long. Perfect virtue is his burden to sustain; is it not heavy? Only with death will his course stop; is it not long?"

注　释

曾子：名参，字子舆，孔子弟子。

弘毅：弘，宽大、广阔；毅：坚定、果决。

译　文

曾子说："士，不可以不心胸宽广、意志坚定，他的任务沉重，道路长远。将仁作为自己的责任，难道不重吗？至死才可休息，难道不远吗？"

解　字

037 任

任，是一个形声字，字形中的"壬"字，就是其表音符

号。“任”的本义，是怀抱、抱起的意思。两晋时期的学者郭璞曾写过一篇《江赋》，其中就有一句：“悲灵均之任石，叹渔父之棹歌。”灵均，是屈原的字，而《渔父》则是屈原著名的诗篇。所谓“悲灵均之任石”，即哀叹屈原抱石投江的悲剧。

以怀抱为本义，“任”又演变出了承担、负责、担任的引申义。曾子说“仁以为己任”，便是要将践行仁道作为一生的责任。孔子说：“人能弘道，非道弘人。”这些重任，从不会由谁交付给我们，而是必须由我们自己主动去找寻，去承担起来的。

说　词

任公子

任公子，是庄子虚构出来的一个人物。他是任国的公子，也是一个神人。他有世界上最大的鱼钩，也有世界上最长的鱼竿。每次钓鱼，他都要把五十头牛穿在一起作为诱饵。之后，他便端坐在会稽山顶上，向着东海甩出鱼钩。如此钓了整整一年，终于有一条大鱼上钩了。彼时，“白波若山，海水震荡，声侔鬼神，惮赫千里”。任公子将这条鱼腌制成了咸鱼，结果全国的人都吃不完。后人也有想模仿他的，却再也没有成功者了。

自此，任公子就成了中国文化中世外高人的代称，在有些时候，他也被叫作任公、任父。

人无远虑，必有近忧

子曰：“人无远虑，必有近忧。”

——《论语·卫灵公》

Confucius said, “If a man takes no thought about what is distant, he will find sorrow near at hand.”

译　文

孔子说：“人如果没有长远的未来规划，就一定会被眼前的烦恼所困扰。”

解　字

038 虑

虑，在金文中，由上半部分的“吕”字，与下半部分的“心”字组成。吕，是脊椎的象形。脊椎是由一连串的骨头整齐排列而成的。因此，虑，便是指必须经过一连串经仔细的思考、整理才能得来的心思。后来，随着字形的变化，“虑”字上半部分的“吕”变成了“虍”，或许这是想让读者联想到老虎身上的花纹——老虎的花纹精细又有条理，就像是思虑的成果一样。

“人无远虑，必有近忧。”如果人们对自己的未来没有一个长远的计划和打算，就一定会被许多眼前的琐碎而搅扰。理想是宝贵的。唐僧如果没有取经的理想，又怎能忍受八十一难之苦呢？理想并不会让我们忘却拼搏之苦与生活之苦，但却会给它们赋予意义——有意义，才是让我们甘愿吃苦的理由。

说　词

顾虑

所谓顾虑，“虑”便是仔细思考，而“顾”，则是回头看的意思。经过了仔细的思考，仍然不放心，还得时不时回头看看，检查检查。这两个字实在是把这一种小心谨慎又担惊受怕的心态刻画得入木三分。鲁国有个叫季文子的，就是一个满是顾虑的人。传言说，他做什么事都得“三思而后行”：不穷举出一切可能导致的后果，那宁可啥都不做。孔子听了他的逸闻之后，调侃地说道：“再大的事，想个两遍也就可以了，活得那么累干什么呢！”

士不可怀居

子曰："士而怀居，不足以为士矣！"

——《论语·宪问》

Confucius said, "A gentleman who cherishes the love of comfort is not fit to be deemed a gentleman."

注　释

怀：留恋、贪恋。

译　文

孔子说："一个士人如果贪恋安逸的生活，那他就不足以作为士人了。"

解　字

039 居

居，在金文中，由一个"尸"字和一个"几"字组成。尸，是古代的一种坐姿。在古代的祭祀活动中，会事先选出一个人来扮演天神。而这个幸运儿就会尸坐在祭坛上，接受大家的祭拜。而以这一种坐姿坐在几案上，或许是古人发明的最舒服的一种坐姿——这也就是“居”字的由来，其本义，便是坐着。

后来，随着字形的演变，“几”字渐渐被“古”字所替代。而“居”，也引申出了安居、居住的意思。

孔子反对“士而怀居”，并不是不准士人过好日子。事实上，人人都应该过好日子。但士人的人生理想，不能仅仅停留在求过一个好日子而已——过好日子是老百姓的追求。士人应当有更加高远的追求，他要担负起社会的道义。当士人必须在道义与好日子间放弃一个时，所谓“君子固穷”——他舍弃的一定是安逸的生活。

说 词

居仁由义

居仁由义，是孟子对大丈夫的定义。一个大丈夫，必须内心秉持仁爱，行事符合道义。那么，“仁”与“义”的区别是什么呢？仁，是一种内心的修养。一个仁人，他的内心是善良的、是慈悲的。对待他人，他都会以一种满怀善意与信任的态度去交往。而义，则是行事的规矩和准则，可以说，它是对仁的补充和约束。

苏轼曾经写过一篇题为《刑赏忠厚之至论》的文章探讨仁与义之间的关系，据说这是他参加科举考试时的作文。《尚书·大禹谟》中有这样一句话："罪疑惟轻，功疑惟重。"如果一个人犯了罪，但是案情存在一些疑点，那么在量刑的时候应当从轻发落；但如果一个人立了功，这个功绩也存在一些疑点，那么在奖赏的时候却不可以因此而减少。苏轼解释说：一个人可以被奖赏，也可以不被奖赏的时候，如果你奖赏了他，就是过乎仁；一个人可以被惩罚，也可以不被惩罚的时候，如果你惩罚了他，就是过乎义。"过乎仁，不失为君子；过乎义，则流而入于忍人。故仁可过也，义不可过也。"仁德之心，是可以过头的；但是正义的惩罚，却应当适度。苏轼的观点与现代的法治精神是相通的。

而孟子，也如此去要求每一位想做大丈夫的人：居天下之广居，立天下之正位，行天下之大道。广居，仁也；正位，礼也；大道，义也。居仁由义，方成大丈夫。

传说中的人物

孔子曰："'见善如不及，见不善如探汤。'吾见其人矣，吾闻其语矣。'隐居以求其志，行义以达其道。'吾闻其语矣，未见其人也。"

——《论语·季氏》

Confucius said, "Contemplating the good, and pursuing it; contemplating the evil and avoiding it as if avoiding the scalding water. I have seen such men, as I have heard such words. Living in retirement to study their aims, and to practice righteousness to carry out their principles. I have heard these words, but I have not seen such men."

译 文

孔子说："'看到仁善，就唯恐自己赶不上；看到邪恶，就像把手伸进开水一样难受。'我见过这样的人，我也听说过这样的话。'通过隐居来追求自己的志向，遵行道义来实现大道。'我听说过这样的话，却没见过这样的人。"

解 字

040 及

及，在甲骨文中非常有趣，它像是小朋友常玩的抓人游戏。它的上半部分是一个人，下半部分是一只手——这只手

紧紧地抓住前人的腿，不让他逃脱。因此，“及”有了赶上、追上的意思。

“见善如不及”，便是一看到贤人，就担心自己无论怎么追赶都追不上。这样一种焦虑的情绪会引发两种不同的结果：其一，就像颜回一样，他一辈子孜孜不倦地修炼自己，以求至善，但却因劳累过度中年而亡；[1]其二，则像冉求一样，他不愿再被焦虑所困扰，最终选择了放弃，宁愿做一个小人。

二者虽殊途，但其实还属同归。他们都被这一种焦虑所“奴役”，最终失去了自我。因此，孟子曾赞叹孔子：“圣之时也者。”因为他“可以仕则仕，可以止则止，可以久则久，可以速则速”。他一切随心，无拘无束，不以物喜不以己悲。观念应当是服务于人的。刻板地以一句座右铭为自己的人生准则，就很可能会导致悲剧。

1　颜回 40 岁便去世，这一年龄对当时的人而言，或许属于比较正常的寿命。但他仍然属于孔门弟子中较为短命的。

说　词

及瓜

春秋时期，齐国的国君派人去守卫葵丘。葵丘是齐国的边疆重镇，齐桓公就曾经在那里召开了一次诸侯大会，自此当上了中原霸主，可谓齐国的福地。但即便如此，驻守葵丘并不是一个人人都愿意接的差事。因此齐国的国君只能给对方许诺：及瓜而代。你看，你现在去的时候，正是瓜成熟的季节。等到下一次瓜熟的时候，就会有人去替你啦。

因此，及瓜，特指任期结束，需要让位给新人的意思。只不过当时守葵丘的官员天天盼着瓜熟，而很多其他地方的官老爷们却盼着自己的位子要是能一直坐下去，再也不让给别人该多好。

解　字

041 汤

汤，在古代可不是番茄蛋汤的汤，而是特指热水、开水。与之对应的，冷水在古代就叫“水”。孟子说：“冬日则饮汤，夏日则饮水。”便是最好的说明。孔子说颜回：“饭疏食，饮水，曲肱而枕之。”颜回家里穷，因此吃不到饱饭，喝不上开水，还买不起枕头——睡觉都得弯着胳膊趴在上面睡。当时，人们可没有纯净水、矿泉水可买，烧水是净化饮用水的唯一途径——天天

喝冷水，其实也就是天天喝脏水。可颜回却并不觉得苦，“人不堪其忧，回也不改其乐”。他可比谁都高兴，因为他每天都能从学习中，获得更高层次的快乐。这便是前一则所说：“士而怀居，不足以为士矣！”

说 词

汤武革命

汤武革命，其实说的是两场革命。第一场由商汤发起，第二场由周武王发起。

夏朝，是中国历史上的第一个朝代。夏朝的最后一位天子夏桀，残暴不仁，鱼肉百姓。汤，则是当时的一位大英雄，百姓们都很爱戴他。夏桀担心汤的名声超过自己，就把他抓起来打入大牢，但之后还是迫于舆论的压力又把他放了出来。而汤是个勇武果断的人，他知道夏桀一定不会放过自己，所以出狱后便立刻带兵革命，推翻夏朝，建立了商朝。

但被百姓寄予希望的商朝，最终却也逃不开夏朝的命运。商朝的最后一位天子商纣王同样荒淫无度，因此又被周武王给推翻了。而历史又总是非常地相似，制礼作乐的周朝仍旧是没能躲过幽、厉这两位暴君，西周最终为犬戎所灭。

孔子的忧愁

子曰："德之不修，学之不讲，闻义不能徙，不善不能改，是吾忧也。"

——《论语·述而》

Confucius said, "Neglecting of godliness; studying without understanding; failing to act up what I believe to be right; and inability to change bad habits. These are my constant solicitude."

注　释

是：这，这些。

译　文

孔子说："德行没有修养好，学问没有讲习透，听闻到义举却不能跟从，自己的缺点得不到改正。这些（才是）让我忧虑的问题。"

解　字

042 徙

在甲骨文中，"徙"字的左边，是模仿小路形状的"彳"字，右边则一前一后画上了两个大脚板，用来强调走路的动作。左右两边组合成"徙"字，即迁移的意思。

或许是仓颉对“徙”字有格外的偏爱，在造出它后依然得意于它的字形，不愿浪费，所以他又给甲骨文的“徙”字脑袋上另加了一个“日”，新造出了一个字来。这个“日”，表示太阳落山，时间已晚。出门的人儿，也都该回家了——这个新字，就是“退”。

只不过，随着汉字的演变，“徙”与“退”的字形差异越来越大，仓颉当初的私心也就很难再被人们察觉了。

说 词

迁徙

迁徙，通常指大范围的人或动物的迁移。一个人搬家叫作搬家，但如果一个村、一个城市的人搬家，那就叫人口迁徙了。非洲的动物每年也会随着雨带而大迁徙，如今已成了非常著名的景观。

现在看来，“迁”和“徙”似乎是一对近义词，但在古代，它们却指向不同的前进方向。

迁，是一个带有积极意味的词。一般而言，官员如果升官了，都会叫作“迁”。因此，直到现在还有一个流传下来的常用词——升迁。

而徙，却常常与贬官脱离不了干系。如“徙逐”“徙边”可都是非常倒霉的境遇。但古人却是好面子又有文化的，所以即使被贬官，他们也不愿与“徙”字沾边。中国传统以右为尊，以左为卑。所以他们给贬官起了个好听的名字——左迁。

可一个名字的好赖，并不能影响事实。左迁究竟是不是“迁”，那只有被“徙”的人才知道了。

小人与天命

公伯寮愬子路于季孙，子服景伯以告，曰："夫子固有惑志于公伯寮，吾力犹能肆诸市朝。"子曰："道之将行也与，命也；道之将废也与，命也。公伯寮其如命何？"

——《论语·宪问》

Gongbo Liao slandered Zi-lu to Jisun. Zifu Jingbo informed Confucius, "My lord is being led astray by Gongbo Liao. But I have the power to exterminate him and exose his carcase in the street." Confucius said, "Whether or not I shall succeed in carrying out my teaching among men, depends upon the will of heaven. What can Gongbo Liao do against the will of heaven?"

注释

公伯寮：孔子弟子。

愬：诬陷。当时子路在鲁国权臣季孙手下担任官职，协助孔子对鲁国政治进行改革。但因公伯寮的诬陷而失败，孔子也因此流亡国外。

子服景伯：鲁国大夫。

肆诸市朝：即陈尸街头，公伯寮在鲁国担任士的职位，根据当时的规定，士人被处以死刑后会被陈尸街头以警示国人。

译文

公伯寮对季孙说子路的坏话。子服景伯将这件事告诉孔子，说："季孙先生现在已经被公伯寮迷惑住了，但以我的能力，我能够判处公伯寮死刑作为惩罚。（只需要孔先生一句话。）”孔子说：“（何必呢？）我的道义能够施行，是因为天命；我的道义如果荒废，也是因为天命。一个小小的公伯寮，难道能够影响天命吗？”

解　字

043 市

市，其本义即市场、集市的意思。子服景伯所说的“肆诸市朝”，就是我们常说的弃市。中国人讲究入土为安，死后弃市等同于被剥夺了死得其所的权利，可以说是最具侮辱性的刑罚之一。由此可见，子服景伯对公伯寮这位孔门的叛徒实在是恨得咬牙切齿。但孔子却拒绝了他的提议，孟子曾说：“行一不义，杀一不辜，而得天下，皆不为也。”哪怕只用做一件坏事，只需杀一个无辜的人，就能获得整个天下，这样的交易，君子是绝不会做的。公伯寮诚然人品不端，但毕竟罪不至死。孔子说：“人而不仁，疾之已甚，乱也。”过度的疾恶如仇，见到小人就起杀心——这不是君子，而是恐怖分子。

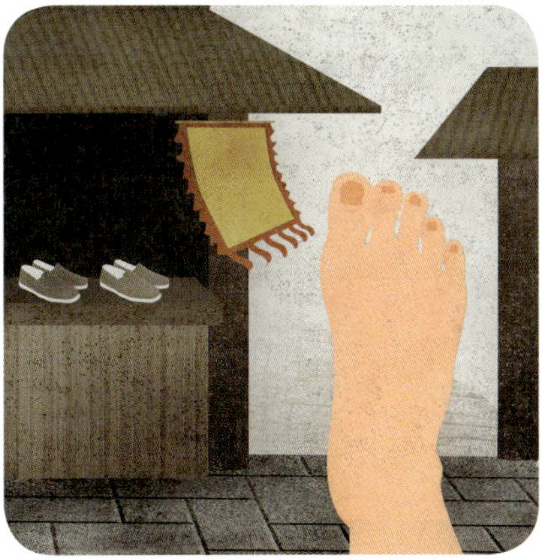

说 词

城市

在古文中，城，指城墙；市，指集市。古代人都分村落而居，每个村都有各自的特产：甲家村的大米富足，乙家村的布织得最好，丙家村的鸡肉质最嫩。而为了方便各村的村民相互买卖货品，大家便共同商议，在一个离每个村都不远的地方办起集市，人人都可以去那儿互通有无。集市越办越兴盛，为了保证集市的安全，大伙儿又围绕着集市，建起了一圈城墙。甚至有的人索性就在集市里住了下来，从村民变身成了“市民”。如此，城也有了，市也有了，城市便也自此发展起来了。

士志于道

子曰："士志于道，而耻恶衣恶食者，未足与议也！"

——《论语·里仁》

Confucius said, "A gentleman, whose mind is set on truth, but who is ashamed of bad clothes and bad food, is not fit to speak with."

译 文

孔子说："士人有志于探求真理，但又以衣服不好、食物不好为耻，就不值得与他讨论了。"

解 字

044 志

篆

志，起初是一个形声字。最早的"志"，"心"上是一个"之"字用以表音。而"志"，便是志向、理想的意思。后来，或许是因为士人天天把"志"向挂在嘴边，于是众人一合计，就用"士"替换了之前的"之"，造出了现在的"志"字来。

孔子说："士志于道。"那么士究竟是怎样的一类人呢？从身份上来说，士是不能算作贵族的贵族。

按照周朝的礼制，贵族的身份可都是世袭的。但这也导

致了一个问题：当时每位贵族老爷都有不少的儿子，但可供继承的爵位却只有一个，这让那些闲着的公子哥们如何是好？所幸那时的中国还算是地广人稀，所以周公想出了一个好办法：

首先从天子家说起，天子死后，只让他的大儿子继承天子之位，其他儿子则送去各地担任诸侯。平均算来，每位诸侯大约能管理长宽数百里的领土。而诸侯死后，也只让他的大儿子继承诸侯之位，其他儿子则只能担任大夫。大夫，在诸侯国里做官的同时，也都能享有一片不大不小的采邑。

而大夫的儿子们可就不像天子和诸侯的儿子们那样快活了。除了大儿子能够继承大夫一位，其他的儿子，就只能做一个有名无实的“士”了。他们不享有任何一块封地，因此除了名号以外，他们与普通百姓并没有多少区别。像孔子本人，以及孔门的许多学生，其实都是士。

不过，正如一句话所说：“上天为你关上一扇门的同时，也一定会为你留一扇窗。”到了孔子的时代，上至天子，下至大夫，许多贵族都已经腐败堕落至无法胜任治国的职责了。因此，为了延续自己的统治，他们不得不依靠士的帮助。许多学有所成的士，就这样被他们提拔成了大夫，孔子也是其中的一员——他曾担任过鲁国的大司寇，也就是鲁国最高法院的大法官。

如此，我们便明白了孔子办学的目的——将天下寒士都培养成能够治国安邦的人才，这也是他的理想。这样的人，如果每天还只计较吃得好不好，穿得好不好，那岂不是太可笑了嘛！

说 词

志向

志向，便是理想的方向。这一方向的确立，将指引我们一生。射过箭的朋友们都知道，在射箭时，一点点细微的偏差，都会被射出的箭放大无数倍。所谓失之毫厘谬以千里，我们的志向也是如此，一点点的偏差，都可能会让我们最终走上歪路。孟子说：“故术不可不慎也。”就是这个道理。

解 字

045 道

在金文中，“道”字是在一个“行”字间塞进一个人的形状。行，在最开始其实是一个十字路口的形象。而站在十字路口正当中的，也不是简简单单的一个“人”字，而是由一个指代脑袋的“首”和一个指代脚板的“止”二者拼成的人形——先由脑袋决定前进的方向，再由大脚果断地执行。如此费尽心思造出的“道”字，其

本义却只是道路、马路的意思。

但伟大的思想家们却舍不得埋没如此精巧的“道”字，于是他们一层又一层地给它不断添加着各种高深的解释。道家的创始人老子索性直接下了个一锤定音的定义：“道可道，非常道。”道如果能被人讲清楚，那它就一定不是真正的道。这让“道”字变得更加扑朔迷离。

在《论语》中，对“道”一般有两种解释：第一种，是宇宙与人世间的规律与道理。所谓“朝闻道，夕死可矣”的“道”便是此意。而这则所说的“士志于道”，则是第二种，指道义、人间正道的意思。

说 词

道观

道观，也就是道教的庙宇。观，在建筑中特指宫殿大门两侧高高的塔楼。或许因为这个塔楼的主要功能为侦察敌情，所以才被人们称作“观”。如此看来，道观是否就是一座用“道”来侦察这个世界的高塔呢？

解 字

046 食

食，是一个象形字。在上古时代，贵族们吃饭并不用碗，而是用一种叫作豆的器具。豆在形状上，长得像一个高脚碗。它的上半部分与普通碗长相无异，只是下半部分多了个高高的底座。那时的贵族，吃饭时都须跪坐在几案之前，而几案又不够高，为了就餐的方便与雅观，才不得不使用豆这样配有高脚的餐具。

而食，在甲骨文中，就是对一个装满美食的豆的象形，它的旁边还多点了两点，看来装得实在太满都洒了出来。由此，“食”便有了吃、食物等意思。

说 词

食土

现在我们哭穷的时候，会开玩笑说：“唉，又要吃土了。”但在古代，穷人可是没机会吃土的——那是贵族的特权。所谓食土，便是享受封地的租税。一切土里的产出，无论吃的用的，都归食土之人所有。如此，下次再听到别人说“吃土”，我们便可以礼貌地回复：“是是是，知道你有钱，别炫富了。”

开花而不结果

子曰："苗而不秀者，有矣夫！秀而不实者，有矣夫！"

——《论语·子罕》

Confucius said, "Some only sprout up, but do not flower; Some only flower, but do not ripen into fruit."

注　释

苗：发芽，生长出幼苗。

秀：开花。

译　文

孔子说："发芽但不开花的，有这样的啊；开花但不结果的，也有这样的啊！"

解　字

047 实

要写金文中的"实"字，我们首先需要画一个大屋顶，随后在这个屋顶下再写一个"贯"字即可完工。贯，是古时候穿钱用的绳子，穿满了一千文，就叫一贯钱。而实，便是称赞一家人屋顶

以下装满了钱。如今我们仍常说某人家境殷实，正是因为富裕、财富乃是“实”字的本义。

人的富裕，指的是钱多；树的富裕，指的是果子多。因此，“实”又引申出了果实的意思。“苗而不秀，秀而不实”，是孔子对高徒颜渊的惋惜。孔子弟子三千，却只有颜渊一人得到了“好学”的评价。而颜渊最终的确学有所成——“其心三月不违仁”，他的内心纯净得三个月都不会冒出一个有悖于仁的邪念。但可惜的是，这么美丽的一朵鲜花，却并没有结出自己的果实。

孔子一直将颜渊视为自己的接班人，希望他也能得天下英才而教育之，将自己的大道一代一代传递下去。但颜渊却先于孔子英年早逝。孔子在惋惜颜渊的人生之花过早枯萎的同时，也感到了天命的无常。得知颜渊死讯的那一刻，孔子对天痛哭：“噫！天丧予！天丧予！”上天夺走的不仅是颜渊的生命，更是断绝了孔子的理想啊！

说　词

虚实

虚实，也是一个由意义相反的两个字组成的词语，不过它的含义却并不偏向任何一方。空虚抑或充实、虚假还是真实、虚拟或者现实，它是一种不确定的状态，需要细致地观察才能判断。

而“虚”与“实”字形之间的关系也很有趣。“实”，上文已有介绍，其字形来源于一个堆满了货物的仓库。而“虚”字则全然相反，它由两个部分组成，上面是“虍”，下面是“业”，楷书“丘”（丠）讹为“业”。“丠”，是“丘”的异体字，也就是山丘的意思。“虍”一方面是表音符号，但同时，我们也可以把“虚”字看作一座披上了虎皮的小山丘。跟“实”一样，“虚”也是一座高大的景观，但如果不走近看看，不揭开上面的虎皮，哪能探得里面的虚实呢？

杀身成仁

子曰："志士仁人，无求生以害仁，有杀身以成仁。"

——《论语·卫灵公》

Confucius said, "A determined gentleman will never seek to survive at the expense of injuring his virtue. He will sacrifice his life to preserve the virtue complete."

译　文

孔子说："志士仁人，没有为了保全生命而损害仁的，只有为了成就仁而献出生命的。"

解　字

048 生

在甲骨文中，"生"的形状，就像是一棵破土而出的倔强小草。后来随着字形的演变，原本用以指代大地的一横被"土"字所取代，最终形成了如今"生"字的样貌。

"野火烧不尽，春风吹又生。"草，是这个世界上生命力最为旺盛的生物之一，于是，古人以草的形状造了"生"字，用以指代一切的生命。

孔子说“杀身成仁”，孔门弟子中也的确有践行者。

子路和高柴都是孔子的弟子，他们也都在卫国做官。结果卫国爆发了内乱。当孔子听闻卫国有乱的时候，惆怅地对身边的弟子说：“高柴这次一定能活着回来，但仲由这次要死在卫国了啊。”

但其实，在卫国内乱时，子路却身在城外，理应是最安全的一个。反倒是高柴被困在城内，危在旦夕。可二人听说内乱爆发，却采取了完全不同的应对方法：

高柴立刻收拾行囊，向城外逃命。而子路则逆着逃难的人流，想挤进城去平叛。结果二人就在城外相遇了。高柴对子路说：“主公已经被叛军抓走了，城门也已经关上了。你现在回去也没有用，何必白白送死。”但子路说：“我回去的确是死路一条，但如果世人得知，当主公落难的时候，孔门没有一个弟子愿意挺身而出，以后谁还会请我们的师兄弟做官呢？”

言罢，子路继续上路。发现城门果然已经关闭，便只好绕着城墙找到一处缺口才钻进城内，最终死于乱军之中。

事实上，高柴的做法无可厚非，为一件已无挽回余地的事情去牺牲生命看起来的确是愚蠢的。但志士仁人的价值，却往往体现在凡人所谓的“愚蠢”当中。

说 词

生涯

生涯，若逐字直译，其解释为生命的边界。庄子说：“吾生也有涯，而知也无涯。”我的生命是有边界的，但浩瀚的知识王国却是无边无际的。当认识到了人生的有限，我们才更应当将自己宝贵的精力花在热爱的事业上。由此，生涯现在特指从事或奉献于某一事业的经历。

孔子的理想

颜渊、季路侍。子曰："盍各言尔志？"子路曰："愿车马衣轻裘，与朋友共，敝之而无憾。"颜渊曰："愿无伐善，无施劳。"子路曰："愿闻子之志。"子曰："老者安之，朋友信之，少者怀之。"

——《论语·公冶长》

Yan Yuan and Ji-lu were in attendance on Confucius. Confucius said to them, "Now tell me, each of you, your aim in the conduct of life." Zi-lu said, "If I had carriages and horses, and light fur clothes. I would share them with my friends, and though they should spoil them, I would not be displeased." Yan Yuan said, "I would like not to boast of my excellence, nor to make a display of my meritorious deeds." Zi-lu said, "We would like to hear your aim, sir, in the conduct of life." Confucius replied, "My aim would be to be a comfort to my old folk at home; to be sincere, and to be found trustworthy by my friends; and to love and care for my young people at home."

注释

侍：服侍、侍立。站在尊长身边等候指示。

盍：何不。

译文

颜渊、子路在孔子身边侍立。孔子说："何不谈谈你们的志向呢？"子路说："愿意把车马衣裘拿出来与朋友共享，用坏了也不遗憾。"颜渊说："希望不夸耀自己的优点，也不给他人施加麻烦。”子路说：“愿意听听老师的志向。”孔子说：“让老人安享晚年，让朋友相互信任，让小孩得到关怀。”

解 字

049 伐

在甲骨文中，“伐”的左边是一个站着的人，右边则是一把戈，而戈的刀刃正架在那人的脖子上——伐，其实就是对处决犯人的场景的再现。由此，“伐”便有了砍杀、刺击的本义。

后来，“伐”字的使用场景走出了刑场，一切与砍这个动作有关的词，都可以用“伐”来指代。例如“伐木工”一词，说的就是砍树的工人。当然，除此以外，“伐”也有其他更为抽象的引申义。

从法律的角度来说，罪犯往往代表着不正义的一方，而砍头则是一种由正义者向不正义者施以的暴力惩罚。与之类似，战争也有正义的一方与不正义的一方。而由正义的一方主动发起，以对不正义者施以暴力惩罚的战争，也被古人叫作“伐”。所谓汤伐夏桀、武王伐纣，皆是如此。

依照古人的价值观，正义的一方发起的战争，一定是光荣且战无不胜的。于是，“伐”又引申出了功劳、夸耀的解释。

在这一则中，颜回说：“愿无伐善。”其实就是希望不要自夸的意思。

说　词

伐冰之家

伐冰之家，从字面上看，是指能够砍冰块的人家。但其实，它指的是能够雇得起人去砍冰块的人家。古代人既没有空调又没有电扇，夏季唯一的祛暑方式，就是拿出冬天收集起来的冰块，摆在房间里降温。要知道，无论是冰块的采集还是储存，都是一件普通人负担不起的大工程。因此，能在夏天用上冰块的人家，可是非富即贵。伐冰之家，便成为了贵族豪门的代名词。

解　字

050 少

在甲骨文中，“少”字由四个点组成，以此来表示数量不多的意思。

那么，为什么是四个点呢？不知是不是巧合，美国数学家丹齐格曾经做过一个有关

感数（subitizing）[1]的研究。他的研究发现，对任意物品，人类的视觉感数阈限为四。也就是说，只有当物品的总数不超过四个的时候，我们才能一眼识别出其确切的数量。一旦其总数超过四个，我们就必须通过计数的方法才能得出结果。

或许仓颉也发现了这样一个规律，所以才点了四个点来表示少。毕竟如果再多点一个，那就不得不费脑筋去数数了。

说　词

少艾

孟子说："人少则慕父母，知好色则慕少艾，有妻子则慕妻子。"人在小时候爱慕父母，等长大一点了就会爱慕少艾，再长大一些结婚了，就爱慕妻子。那么这个少艾是什么呢？少，即年少；艾，即貌美。少艾，便是年轻貌美的少男少女，当然一般多指美少女。慕少艾，是人类的本性。即便孟子当时已经是少艾的反义词——老朽了，但这位圣人依然不忘告诫我们：人到了时候，就该去慕少艾——再黏着爸妈不放，做妈宝可是不行的。

1　感数，与之相对应的概念便是计数。面对一定数量的物品，计数需要我们一个一个数，通过加法来确定其数量。而感数指的是只通过观察，单纯依靠视觉迅速确定数目的能力。通俗来讲，也就是一眼看出的本领。

吹着风又唱着歌

子路、曾皙、冉有、公西华侍坐。子曰：“以吾一日长乎尔，毋吾以也。居则曰：‘不吾知也。’如或知尔，则何以哉？”

子路率尔而对，曰：“千乘之国，摄乎大国之间，加之以师旅，因之以饥馑，由也为之，比及三年，可使有勇，且知方也。”夫子哂之。

“求，尔何如？”对曰：“方六七十，如五六十，求也为之，比及三年，可使足民；如其礼乐，以俟君子。”

“赤，尔何如？”对曰：“非曰能之，愿学焉！宗庙之事，如会同，端章甫，愿为小相焉。”

“点，尔何如？”鼓瑟希，铿尔，舍瑟而作；对曰：“异乎三子者之撰。”子曰：“何伤乎？亦各言其志也。”曰：“莫春者，春服既成。冠者五六人，童子六七人。浴乎沂，风乎舞雩，咏而归。”夫子喟然叹曰：“吾与点也！”

三子者出，曾皙后。曾皙曰：“夫三子者之言何如？”子曰：“亦各言其志也已矣。”曰：“夫子何哂由也？”曰：“为国以礼，其言不让，是故哂之。”“唯求则非邦也与？”“安见方六七十，如五六十，而非邦也者？”“唯赤则非邦也与？”“宗庙会同，非诸侯而何？赤也为之小，孰能为之大？”

——《论语·先进》

Zi-lu, Zeng Xi, Ran You, Gongxi Hua were sitting by Confucius. Confucius said, "Though I am a little older than you. Do not mind that. Living in a private life, you all say that you are not known and appreciated by men in authority. But, suppose you were known, what would you be able to do?"

Zi-lu answered without hesitation, "Suppose the case of a state of the first power which was straitened between other states of great power and which was embroiled in the midst of war and famine. If I were entrusted with government of it, in three years, I could make the people brave and know their duty."

On hearing this, Confucius only smiled; and turning to Ran You, said, "Qiu, what do you say?"

Ran You replied, "Suppose a state of the third or fourth power, and let me have the government of it. In three years, I could make plenty abound among the people. However, as to education in higher things, I would leave that to the wise men come after me."

Confucius then said, "Chi, what do you say?" Gongxi Hua replied, "I could not say that my ability extends to these things, but I should wish to learn them. Suppose then there were functions to be performed in any court such as public reception and general assembles, with an appropriate uniform, I think I could be the vice-presiding officer."

Confucius then said, "Dian, what do you say?" Zeng Xi laid aside the harpsichord which he was thrumming, stood up and replied, "My wishes are different from the cherished purposes of these three gentlemen." Confucius said, "What harm is there in that? They are all only speaking out each of their own mind." Zeng Xi replied, "In the latter days of spring, when we have changed all our winter clothing for fresh, new garments for the warm weather. I would propose that we take six or seven young children. We will bathe in the River Yi, after which we will go to the top of an ancient terrace to air and cool ourselves; and at last we will return, singing on our way as we loiter back to our homes." "Ah!" Confucius said with a sigh, "I agree with Dian!"

Afterwards, the three others went out. Zeng Xi remained behind, and asked, "What do you think of what those gentlemen said?" Confucius answered, "They simply talked about their wishes."

Zeng Xi pursued, "Why did you smile at You?"

Confucius answered, "The management of a state demands the rules of propriety. His words were not modest. Therefore, I smiled."

Zeng Xi again asked, "But was it not a state which Qiu proposed for himself?" Confucius answered, "Did you ever hear of a state of the third or fourth power that is not a nation?"

Lastly, Zeng Xi asked, "And was it not a state which Chi proposed for himself?" Confucius answered, "Where do you find such things except in the courts of the nobility? But, if Chi were to be the vice-president, who would be fit to be the president?"

注　释

曾皙：名点，字子皙，孔子弟子。同时也是曾参的父亲。

公西华：复姓公西，名赤，字子华，孔子弟子。

毋吾以也：不要因为我年纪大了而有顾虑。

居：意与唐、宋人口语“平居”同，平时、平常的意思。

率尔：急忙地。

哂：略带讽刺的微笑。

莫春：即“暮春”。

冠者：即成年人，古代成年须行冠礼，因此得名。

沂：河流名。

舞雩：鲁国求雨的祭坛。

译　文

子路、曾皙、冉有、公西华坐在孔子身边。孔子说："不要认为我比你们年纪大一点，就不敢在我面前随便说话，你们平时总说：'没有人了解我啊！'如果有人了解你们，你们想做些什么呢？"

子路赶忙回答："一个拥有一千辆兵车的国家，夹在大国之间，外有别国军队侵犯，内有饥荒灾难。我也能治理，只要三年，就可以令百姓勇敢善战，而且还懂得法度礼仪。"孔子听了，微微一笑。

（孔子又问：）"冉求，你呢？"冉有回答说："一个方圆六七十里，或者五六十里的国家，我也能治理，等到三年，就可以使老百姓富足起来。至于礼乐教化，那就得等君子来实现了。"

（孔子又问：）"公西赤，你呢？"公西华回答说："我不敢说能够做到什么，但我愿意学习。在宗庙祭祀的工作中，或者在同别国的会盟中，我愿意穿着礼服，戴着礼帽，做一个小傧相。"

（孔子又问：）"曾点，你呢？"（曾皙正在弹瑟，听到孔子问他）于是瑟声逐渐慢下来，接着"铿"一声，停下瑟，站起身回答说："我和他们三位的理想不一样呀！"孔子说："那有什么关系呢？不过是各自谈谈志向罢了。"曾皙说："暮春时节，春天的衣服已经做成。和五六位成年人，六七个少年，到沂河里洗洗澡，在舞雩台上吹吹风，一路唱着歌儿回来。"孔子长叹一声说："我赞成曾点啊！"

（子路、冉有、公西华）三人出去了，曾皙走在最后。曾皙问："他们三位的话怎么样？"孔子说："不过是各自谈谈理想罢了。"曾皙说："老师为什么笑仲由呢？"孔子说："治理国家要讲礼让，可是他说话一点也不谦让，所以我笑他。"（曾皙问：）"难道冉求讲的不是治国之事吗？"（孔子说：）"哪里见得方圆六七十里或五六十里就不是国家呢？"（曾皙问：）"难道公西赤所讲的不是治国之事吗？"（孔子说：）"宗庙祭祀，诸侯会盟，不是诸侯之事又是什么呢？但如果公西赤只能做小傧相，那谁能做大傧相呢？"

解　字

051 坐

坐，从字形上看，就是两个人背靠背坐在土上的样子。中国古人虽然非常聪明，但他们却一直都没有发明出椅子来。所以即使贵如秦皇汉武，也都不得不席地而坐——在地上铺好一张席子，直接坐在上面罢了。

尝试过野餐的朋友一定都知道席地而坐的痛苦，不要十分钟便腰酸腿麻，哪怕站着都比坐着舒服。而古人的坐法还要更加折磨人。中国人最讲究美感，因此在没有椅子的情况下，古人发明了一种非常注重仪态的坐姿——跪坐。别看"跪坐"中有个"坐"字，但归根结底，跪坐其实还是一种跪。其标准的坐姿为双腿并拢，先跪于席上，再将

屁股坐在脚后跟上，最后还须把上半身挺得笔直。孔子与他的弟子们在谈理想时，用的都是这般端正的坐姿，实在是辛苦。

而且孔子对坐姿的要求还格外地严格，丝毫不肯放松。孔子有个朋友叫原壤，有一天或许他实在是坐得腿酸，便叉开两腿瘫坐在地上。孔子瞧见了，照着他的小腿就给了一拐杖，命他摆正姿态。

幸好后来，椅子以“胡床”之名从国外引进了中国，才最终挽救了我们这些现代人的膝盖。为此，我们也该好好感谢当年那些不畏礼教、大胆接受新鲜事物的先觉者们。

说　词

坐忘

坐忘，是庄子所描绘的一种修行境界。庄子曾讲过这样一个故事：

有一天，颜回去跟孔子汇报自己的学习成果。他少有的略带得意地说道：“老师，我学习有了进步！我已经能忘记仁义了。”但孔子却给他泼了一盆冷水：“不错，但这还不够。”在这里，我们要强调一点，庄子所说的“忘记”，其反义词并不是记住或者想起，而是牵挂和执着。所谓忘记仁义，也就是不再为仁义而操劳，而焦虑。

又过了一段时间，颜回又有了新成果：“老师，我已经能忘记礼乐了。”但孔子又说：“不错，不过这也不够。”

终于有一天，颜回跟孔子说：“老师，我已经能够坐忘了。”孔子问：“什么叫坐忘呢？”颜回说：“我虽然静静地坐在那里，但其实我已经脱离了自己的肢体，也放下了自己的聪明，让自己变得没有形体，也没有主见，完全与大道自然融为一体，这就是坐忘。”孔子听了，肃然起敬：“颜回你真的太厉害了，以后只能我拜你做老师了啊。”

坐忘的境界看似过度浪漫以至于不切实际，但这一概念却被后来的佛教徒借去了，他们发明了一个词，叫作“坐化”。相传修炼到一定境界的大德高僧，会在打坐时端坐安然而命终。在俗人看来，他们是死了，但其实，他们却正如颜回所说，成功地让自己与大道自然融为了一体。

解　字

052 乘

甲

乘，在甲骨文中，是一个人站在树顶上的形状。由此，“乘”有了登上、驾驭的意思。不过，在“千乘之国”一词中，“乘”并不读作 chéng，而是读作 shèng。它是一个衡量国力的单位。一乘，就是一架由四匹马拉的兵车。这在当时已属于最高级、最豪华的车辆了。俗话说：

“君子一言，驷马难追。”这个“驷马”，指的就是“乘”的动力来源——四匹骏马，这也是古人所能实现的最快速度了。

在春秋战国时期，无论马还是车，都属于非常宝贵的资源。当时的一乘相当于如今的一辆主战坦克。因此，子路所说的千乘之国，便是当时最为强大的国家。治理这样的大国都不在话下，子路吹起牛来还真是连草稿都不愿打一打。

说 词

乘桴

孔子说：“道不行，乘桴浮于海。”假如我的大道行不通了，我就乘一叶小舟，漂洋去海外。桴，是一种用竹子或者树枝编成的小舟。大的叫作“筏”，小的叫作“桴”。当然，无论是筏还是桴，都禁不起一点风浪，即便渡河都困难重重。但孔子却要乘桴浮于海——巨浪下的一片小舟，真是一幅凄美而悲壮的场景。

这诚然是一个浪漫的归宿，但孔子毕竟还是放不下这个世界，所以他至死都在“知其不可而为之”，一遍又一遍，一处又一处地尝试去推广自己的理想。即使每一次迎接他的都是失败，但直至终了，他也没有乘桴离我们远去。

孔子对这个世界总抱有着希望，对此我们应当感到庆幸。

在孔子之前，老子就因对世界绝望，骑牛出关而去。

智者的离去，才是一个民族最大的损失。

解　字

053 师

仓颉对“师”字的创造可以说是过于草率，在甲骨文中，它只是一个小土堆的形貌。有学者猜测，或许是因为古代人都喜欢把军队驻扎在小山丘上，因此才以土堆的样子造了“师”字。

师，其本义为军队，像我们常说的“王者之师”“正义之师”皆为此意。按照《周礼》的规定：“五人为伍，五伍为两，四两为卒，五卒为旅，五旅为师。”经此一层一层计算得出：在周朝，一个师就是一支两千五百人的军队。

军队的职责，在于听从指挥。由此，“师”引申出了长官的意思。而长官除了下达命令，时不时也乐于向下级分享一些人生经验，

这才让“师”又演变出了导师、老师的引申义。

说 词

师徒

师徒，现在指师父和徒弟。孔子师徒三千多人，比一个“师”还要壮观。庄子说：“孔子游乎缁帷之林，休坐乎杏坛之上。弟子读书，孔子弦歌鼓琴。”这一师徒共学的场景实在是非常美好。但“师徒”一词的本义却并不如此浪漫。所谓师徒，其实就是师之徒。师是军队；徒，本义为步行，在这里引申为步兵。二者相合，师徒即军队里的兵丁、士兵的意思。

解 字

054 会

会，是一个非常有趣的字，在繁体字中，“会”写作“會”，也就是在“曾”字顶上加了一个盖子。曾，是远古时代用来蒸食物的一种炊具。而会，便是曾的盖子。盖在曾上，不让蒸汽逃出。

于是，盖子便努力让自己与锅碰面——合在一起。由此诞生了一个新词——会合。自此，“会”引申出了碰面、聚会的含义。

公西华说："宗庙之事，如会同。"他都可以依礼主持。宗庙之事，便是国家内部的祭祀仪式；而会同，则是各国之间的外交盟会或共同去朝见天子。于内于外，孔门弟子都能肩负重任，足见孔子的学校办学质量不俗。

说 词

开会

从"会"字的起源来看，"开会"一词似乎对动词的选择非常不妥当。若是揭开锅盖，那锅与盖岂不是分开了，如何能够碰面开会呢？依笔者看来，还是应当叫作"关"会，把盖子给合上，这样才解释得通嘛。

解 字

055 章

许慎在《说文解字》中说："乐竟为一章。"一曲音乐的终了叫作章，由此而诞生了乐章、篇章、文章等词语。但如果细究"章"字的起源，许慎的解释却似乎并不是

“章”的本义。

在金文中，“章”字由添了一个圆圈的“辛”字构成。辛，是古代一种用来在犯人脸上刻字的刑具，其功能类似于如今文身所用的工具。只不过，辛的做工更为粗糙，因此受刑的过程往往令人痛苦不堪。古代，在罪行较重的犯人脸上刺下其所犯的罪行和被判的刑罚，称为墨刑。由于这些刺字会伴随犯人一生，所以墨刑是一种带有强烈侮辱性的刑罚。在《水浒传》中，宋江、武松、杨志等人都曾遭受此刑。

那么，这又与“章”字有什么关系呢？有学者猜测，加在“辛”字上的那一个圆环，代表着约束犯人的绳索。绳索与刑具相合，拼成“章”字。由此，“章”的本义应当为约束、警示众人的法度和规矩。所谓章法，规章是也。

公西华所说的“章甫”，是当时参与重要场合必须佩戴的一种礼帽。它最早起源于商朝，商朝灭亡之后，周武王把商朝的遗民分封在宋国。庄子讲过一个故事：宋国的百姓都很注重礼节，个个穿着得体；而越国的百姓却都很野蛮，个个赤膊文身。宋国就有好事者想去越国推行教化，带了不少章甫去越国售卖——结果自然是一顶都没能卖出去。

毕竟在越国那个以文身为美，争抢着受“辛”的地方，别说章甫了，想必连章法都推销不出去吧。

说 词

文章

文章，是以文字来表达观点或见解的作品。只不过，创造“文章”一词的人，一定没有料想到“文”与“章”在一开始却是相互矛盾的两个字。章，上文已经讲过，其本义在于靠墨刑的惩罚督促众人遵守法度。而文，在甲骨文中，却偏偏要与“章”字作对——它所画的正是一个胸口刺满文身且以之为美的人。事实上，文的本义，便是文身。由此观之，“文”与“章”的组合，倒正像庄子所言宋国人与越国人的会面一般滑稽了。但或许，也正是这样的冲突与碰撞，才能造就真正的好文章。

解 字

056 归

甲

归，其本义是指女子出嫁。《诗经》中有一篇《汉广》，是一首悲伤但并不哀怨的情诗。有个年轻小伙爱上了一位姑娘，他心知配不上对方。于是他真诚地唱道：“之子于归，言秣其马。”待到你出嫁的那天，我来帮你喂喂马吧。把马喂饱了，它才有力气拉你的婚车。这样一种卑微却具尊严的情感，诚然令人感动。

在中国传统文化中，女子出嫁后，便融入了男方的家庭，成为了男方家庭的成员之一。如此，若是从男方的角度来看，女子的出嫁其实是请新娘回家。因此，“归”又引申出了返回、归属等意义。

说 词

归纳

所谓归纳，便是首先将许多复杂的问题汇集起来，再经过细致的分析，总结得出它们之间关系的一个过程。它是帮助我们解决复杂问题的一种非常有效的方法。同时，“归”“纳”二字也可被视为一组近义词。它们都有汇集、合拢的意思。

中国有一个传统手艺，叫作纳鞋底。其操作方法与也可用“归”“纳”二字总结。首先是归，将许多层的布归拢在一起，一层一层整齐铺好，再用糨糊粘住；其次是纳，用针线将粘好的一层层布纳在一起，并缝出鞋底的纹路以达到防滑的效果。经过如此两步，便可获得一只传说中的“千层底”了。

当然，这一流程也是经人归纳总结才看上去如此简单，真的落在实处，可真的是一件麻烦的细致活呢。

文质彬彬，然后君子

巧言令色，鲜矣仁

子曰：“巧言令色，鲜矣仁。”

——《论语·学而》

Confucius said, “Fine words and an insinuating appearance are seldom associated with true virtue.”

注　释

巧言：好其言语。

令色：善其颜色。

译　文

孔子说：“努力说着别人喜欢听的话，装出别人喜欢看的面色，（这样的人）很少有能守住仁德的。”

解　字

057 鲜

鱼羊为鲜，但“鲜”却并不是指鱼和羊这两种美食。许慎说，“鲜”是一种鱼的名字。虽然如今已不清楚这具体是指哪一种鱼，但我们之前学过，“羊”字有吉祥的含义。如此看来，以“鲜”来命名的

鱼，一定是极其美味，吃一口都让人感到幸福的。这鱼或许还是古人最爱吃的食物，不然怎么会直接用它的名字来表示鲜美的意义呢？

当然，好吃的东西一定是珍贵且稀少的。因此，“鲜”又引申出了少有、少见的意思。子曰：“巧言令色，鲜矣仁。”别看有些人讲话又好听，面色又好看，无论对谁都是一副平易近人、彬彬有礼的样子，但就是这样的人才很少有品德高尚的啊。

对于巧言令色之人，孔子还发明了一个专用称谓——乡愿。他说：“乡愿，德之贼也！”在这个世界上，有那么多罪大恶极、十恶不赦的坏人，为何偏偏这个怎么看都像好人的乡愿被孔子称为“德之贼”呢？

孟子对这一问题给出了非常好的解答，他说乡愿“非之无举也，刺之无刺也；同乎流俗，合乎污世；居之似忠信，行之似廉洁；众皆悦之，自以为是”。乡愿这样的人，你想批评他吧，却找不到他犯了什么错；想指责他吧，也实在是挑不出他的毛病。又因为他永远是一副和善的面孔，所以大家都以为他是忠信廉洁的模范，将他当作道德的楷模学习。

但实际上呢？也正因为他对所有人都笑脸相迎，对所有事都举手赞成，所以他一定会颠倒黑白，不问是非。别人做好事，他表示支持，有人做坏事，他也愿意帮忙。让他主持正义，他却只愿做一个“和事佬”，无论对加害的一方还是被害的一方都只是好言相劝，摆出毫不偏袒的“中立”姿态。但其实，这样的举动只是伤害了好人而帮助了坏人。

因此，乡愿是披着好人的皮囊，却做着恶人的事业。而最为可恶的是，他会误导大众对于有德之人的判断，令众人错把乡愿当作善人的标准。而真正有原则、有立场的好人，却往往被大伙冷落，因为他们可太像“刺头”了。

说　词

新鲜

新鲜，便是因新而鲜，若是不新，那也一定是无鲜可言的。但古代人却鲜有能吃到鲜货的机会，难得获得的新肉，也舍不得一次吃完。为了长期保存，古人只能将新肉腌制成旧肉。于此，鲜货便成了腊货。而“腊”字也非常形象，其左边的月字旁，最开始其实是个“肉”字，只是由于字形的演变，古代的肉字旁现在大多都变成了月字旁，如“肥”“胖”等字，都是如此。而右边的“昔”字，则是很久以前的意思。一块很久以前得到的肉，那不是腊货还能是什么呢？

功亏一篑

子曰："譬如为山，未成一篑，止，吾止也！譬如平地，虽覆一篑，进，吾往也！"

——《论语·子罕》

Confucius said, "Suppose a man wants to raise a mound and just as it wants only one basket more to complete, he stops, the stopping is entirely upon himself. Suppose a man wants to level ground, although he has just thrown over one basket of earth, the progress also depends entirely on himself."

注 释

篑：竹筐。

译 文

孔子说："比如说用土堆山，只要再加一筐土就能堆成，可是停止了，那是我自己停止的。比如在平地上（堆土成山），虽然才倒下第一筐土，可是只要继续堆土，那也是我自己前进的。"

解 字

058 止

止，在甲骨文中，是一只脚的象形。而脚，也是"止"这个字符最早的意义。但后来的结果，我们已经知道了，"止"

这个字形最终被“停止”这个含义给夺走了。为了补偿脚，古人只好给“止”另加上了足字旁，又发明了“趾”这么一个新字来指代脚。不过，世事难料，如今“趾”又演变为特指脚趾这个部位了。当然，这些是后话了。

甲

孔子说：“止，吾止也！”这句话里充满了惋惜。要成就一件事业，就像在平地上堆土山一样。即使只差最后一筐土，但在这时选择放弃，也一样是前功尽弃——前面的所有努力都白费。而唯一能对这一结果负责的，也只有自己。

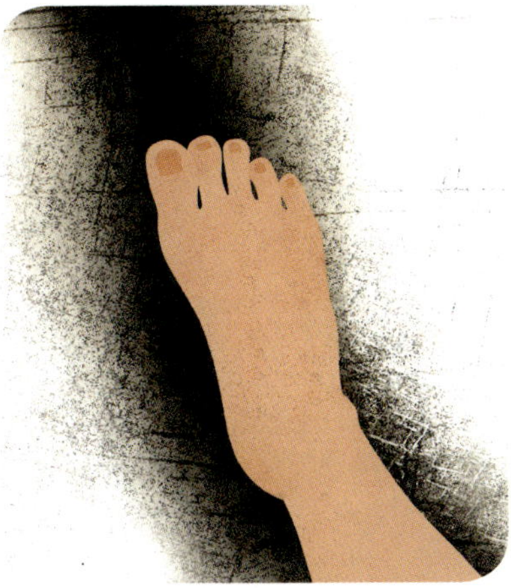

俗话说：“尽人事，听天命。”但如果连人事都没有毅力坚持下来，又如何能将自己的失败归罪于天命呢？

说 词

止息

“止”与“息”，都有停的意思。也因此，他们分别与“停”字组成了停止、停息这两个词语。即使这样，它们仍不满足，还要用尽排列组合的一切可能，再组出“止息”一词来。不过，这三个词语在使用上也有细微的差别。停止，多用在影响较小的事情上；停息，一般都代表着比较大的风波的结束。而止息，则兼顾了二者的使用场景，无论是微微细雨，抑或是千军万马的鏖战，都可用止息一词。只不过，相比前二者，它更偏向于书面的表达。

解　字

059 平

平，从长相上看，它的字形极似一座达到平衡状态的天平，没有一丝倾斜。而“平”，便是指这样一种不偏不倚、不凹不凸的状态。后来，“平”也由此引申出了公平、平等的新含义。而天平这一器物本身，也演变为了公正的象征。

本则所言“譬如平地”，对其中“平地”二字，一直以来都有两种解释：

其一，是地上有一个大坑，需要填土进去将它填平。在这一解释中，“平”作动词用，指填平、铺平。

其二，则是与上文的“譬如为山”相互呼应，形成对比。前一句所描述的是一种即将成功的状态——只差一筐土便可堆成山；而后一句中“譬如平地”则是一种刚刚开始的状态——目前还只是一块平地，才将铺上“为山”的第一筐土。此处，“平”作形容词，指平坦的地面。

这两种解释都有一定的道理，但究竟哪一种才是孔子说这句话的本义，就只能穿越回古代问问他本人才能知道了。

说　词

平原督邮

东晋时期有位大将军叫桓温，他手下有一位主簿，擅长品酒。因此，桓温每次喝酒之前，都会让这位主簿先品尝一下，以提前知道酒的优劣。而他们在交流时，也有一组暗号。如果是好酒，便说“青州从事”；如果是劣酒，则称“平原督邮”。从此以后，平原督邮便成了劣酒的代称。

那么，这一组暗号的起源是什么呢？原来主簿品酒的标准，并不是我们一贯所说的色、香、味这三者。而是在下肚后，全身心去体验，感受酒香在身体内所能探及的最大深度。一般的酒，香味只能触及胸口，且稍纵即逝。唯有好酒，才能从口腔一路香至肚脐，让整个消化系统都受其浸润。

在当时，青州地区有一个齐郡，平原地区有一个鬲县。“齐”与“脐”，“鬲”与“膈”（即横膈膜）谐音。因此，所谓青州、平原，实际所指却是肚脐与胸口。而从事与督邮，则是当时的两种官员。从事，是古代州郡长官的下属幕僚，而督邮则是派去各地巡视检查的官员。由此，从事是一久居当地的官员，而督邮却往往不过去去就回。这位主簿便依据这两种官职的特点来暗指酒香在体内徘徊时间的长短。

不得不慨叹，连评判酒的优劣都得编出令人半懂不懂的术语，古人可真有生活情趣啊！

解　字

060 进

进，如今看来它是一个以“井”为表音符号的形声字，但这毕竟是其简化之后的写法。要了解“进”的真正起源，我们不得不去参考它的繁体字形才能得到答案。在繁体字中，它写作“進”，由“隹”字和走之底组成。这就与“进”的起始状态非常接近了。

在甲骨文中，“进”由一只鸟和一只大脚板组成。所谓能飞善走便为“进”，“进”是一个表示迅速与灵活的汉字。后来，在字形的演变中，那只鸟变成了“隹”字，大脚板则最终成为了走之底。而“进”，也逐渐引申出了前进、长进等意义。

此处孔子说：“进，吾往也！”，其中“进”与“往”，都是指前进的意思。

说 词

进步

进步，从字面上理解，便是向前迈进一步的意思。它出自北宋僧人释道原的一本书《景德传灯录》，这本书记载了一千多位大德高僧的偈言妙语。其中就有一位叫景岑的僧人所写的偈子：“百尺竿头须进步，十方世界是全身。”百尺竿头，即百尺高的竿子，指人已经达到了非常高的境界，就像爬上了百尺高的竿顶一样。但这竿顶却并不代表着前进的结束，在这百尺竿头以上，还有更加浩瀚的十方世界，与之相比，这百尺竿头实在是一点微不足道的高度。也只有在百尺竿头，大胆地继续向天空迈进一步，才能认识到十方世界的广阔。由此，我们也总结出了一句俗语——百尺竿头，更进一步。

礼在仁之后

子夏问曰："'巧笑倩兮，美目盼兮，素以为绚兮。'何谓也？"子曰："绘事后素。"曰："礼后乎？"子曰："起予者商也，始可与言《诗》已矣。"

——《论语·八佾》

Zi-xia asked Confucius for the meaning of the following verse:

Her pretty smiles,
How dimpling they are;
Her beautiful eyes,
How beaming they are;
Oh fairest is she,
Who is simple and plain?

Confucius answered, "Ornamentation and colour are matters of secondary importance compared with the groundwork in painting." Zi-xia said, "Then proprieties are matters of secondary consideration?" Confucius said, "You enlightened me. Now I can talk of The Book of Poetry *with you."*

注　释

"巧笑"句：《诗经·卫风·硕人》中的诗句，但今本通行的《诗经》中，并没有"素以为绚兮"一句。因此有学者认为这一句在流传的过程中遗失了；也有学者认为，子夏所引的诗句，并非出自《硕人》篇，而是出自另一首整篇都已失传的诗歌。

绚：绚丽多彩。

绘事：绘画。

起：启发。

译　文

子夏问：“‘甜美的笑脸真可爱，美丽的眼睛也动人，洁白的质地却绚丽夺目。’这几句诗是什么意思呢？”孔子说：“不得先有洁白的画布，才能画画吗？”子夏说：“(既然如此，是不是也得先有仁义，)再有礼的呢？”孔子说：“能给我启发的是卜商啊！从此以后我能与你一起讨论《诗经》了。”

解　字

061 素

素，在金文中是双手捧起一件刚刚织好的丝织品的样子。“素”的本义也由此而生：才刚织好，还未进入染色流程的白色绢布。而我们常说的素色，最开始也就是指白色。

对于“素”字，古人当然不能放过给它增添引申义的机会。没有染过色的布，就像是没有经过装饰的物件，更像是简单而不做作的人。因此“素”又演变出了本色、朴素、简朴等新的含义。

此处孔子所说“绘事后素”中的“素”，则依旧是表示其原义——白布。孔子说，优秀的绘画都必须是在一块白布上画成的，如果白布有了污损，哪怕之后画得再好，也是一件失败

的作品。子夏由老师的这句话有了启发："那么我们最为重视的礼节，会不会也与之类似呢？如果自身没有一个仁义的内心做底，礼节再周到，不也只是在一张脏布上作画吗？"

当然，子夏所言并非是轻视礼节。毕竟同理反推，再洁白无瑕的一块布，如果被糟糕的画手胡乱涂抹一番，或许还不如脏布上的杰作受人欢迎呢！

说 词

尸位素餐

成语尸位素餐，是由"尸位"与"素餐"这两个词组组成的。

所谓"尸位"，前文曾经讲过，在古代祭祀中，会首先选出一个人来担任尸的职务。而尸在祭祀中的唯一职责，便是扮演已故的祖先，坐在祭坛上接受大家的祭拜——简单来说，尸就是个摆设，等后来祖宗牌位出现后，这一职务就即刻失去了意义。因此，尸位，指的便是像尸一样，正经的事情一件不干，却还高高地坐在众人之上。

而"素餐"，就更好理解了。素，是白；餐，是吃。素餐，便是白吃白喝。将这二者合在一起，尸位素餐就是指职位又高，待遇又好，但偏偏一件正事都不干。《诗经》中专有一篇《伐檀》，在两千多年前就唱道："彼君子兮，不素餐兮。"

无礼的毛病

子曰：“恭而无礼则劳，慎而无礼则葸，勇而无礼则乱，直而无礼则绞。君子笃于亲，则民兴于仁。故旧不遗，则民不偷。”

——《论语·泰伯》

Confucius said, "Respectfulness without the rules of propriety becomes pedantry; caution without the rules of propriety becomes timidity; courage without the rules of propriety leads to crime; straightforwardness without the rules of propriety makes men tyrannical. When those who are in high stations are attached to their relations, the people are aroused to virtue. When they do not discard their old friends, the people are preserved from meanness."

注 释

葸：胆怯、懦弱。

绞：刻薄。

笃：厚待、真诚。

偷：淡薄。

译 文

孔子说：“恭敬如果没有礼来节制会令人劳倦；谨慎如果没有礼来节制会显得怯懦；勇敢如果没有礼来节制会为恶作乱；直率如果没有礼来节制会变得刻薄。君子如果厚待亲戚，那么百姓也会喜爱仁德。君子如果对故旧之交不冷漠，那百姓的人情也不会淡薄。”

062 遗

遗，是一个非常令人恼火的汉字。它的字形描摹了我们平常最不愿碰到的一件事——丢钱包。在金文中，“遗”字分为左右两个部分，左边是代表道路的“彳”字。右边的上方是两只手，但它们却被一根竖线从中间分开，而钱包，也就是“贝”字，便从这两手间的缝隙滑落到地上——遗失了。

自此，“遗”便有了丢失、抛弃、剩下等含义。另外，“遗”还是一个多音字。当它读作 wèi 的时候，解释为赠送。

有一次，楚王外出郊游、打猎，回家的时候发现自己的一把宝弓丢了。这可把同行的大臣急坏了，纷纷准备扭头回去寻找。但楚王却叫住了他们：“有什么好找的呢？我这个楚国人丢了把弓，总有另一个楚国人捡了把弓。这把弓不还是在楚国人的手上吗？就当是我送他的好啦。”——丢东西就当是送人，或许“遗”字的引申义正是从楚王的这一高见而来。

此处孔子所说“故旧

不遗”，便是不淡忘、不冷落老朋友的意思。

说 词

遗世

遗世，是指丢下整个世界，再也不受俗世的困扰。孟子曾说：“舜视弃天下犹弃敝屣也。”舜把放弃天子之位看得就像丢掉一双破鞋一样简单，毫无任何留恋不舍之情。遗世，便是指这样一种态度。

苏轼曾因反对王安石变法，以文字入狱百余日，最终被贬至黄州。其间，他与朋友去赤壁游览，饮酒观月。面对滚滚长江与浩瀚宇宙，他写道：“飘飘乎如遗世独立，羽化而登仙。”若是能忘记这个世界，如神仙一般，无所牵绊地独立于世该多好啊。

但苏轼终究不是一个能够离群索居的人。所以他刚发出这一不切实际的感慨，便又立刻重归于朋友的宴乐之中，以致“肴核既尽，杯盘狼藉，相与枕藉乎舟中，不知东方之既白”。

遗世，苏轼尚未能及，毕竟客、酒、肴是他最大的牵挂。但功名利禄对他而言，则大可遗之如敝屣了。

遇到弱者怎么办

子见齐衰者，冕衣裳者，与瞽者，见之，虽少必作，过之必趋。

——《论语·子罕》

When Confucius met a person dressed in deep mourning, an officer in full uniform or a blind person, on observing their approaching, though they were younger than himself, he would rise up, and when walking past them, he would respectfully quicken his steps.

注 释

齐衰者：穿着丧服的人。

冕衣裳者：穿着礼服的人

瞽者：盲人。

趋：小步快走。

译 文

孔子看到穿丧服的人、穿戴礼服的人和盲人，即使对方年少，孔子也一定会站起身来；当经过他们的时候，孔子也一定迈小步快速经过，以表示同情与敬意。

解 字

063 作

在甲骨文中，“作”字是对衣服领口的象形。中国传统服饰对领口非常讲究，必须采用右衽的形式。要解释右衽，我们先要了解古代衣服的一个特点——也就是没有扣子。因此，要妥帖地穿好一件衣服，就必须先将衣服的左右两襟在中间相交，上下叠好后，再缠上一根腰带，使其不散开。

而这衣服的叠法，就是右衽的体现之处。作为一个有修养的中原人，衣服必须左襟掩向右腋系带，将右襟掩覆于内，这就叫作右衽。与之对应，如果右襟在上，左襟在下，便是边疆少数民族的穿法，称为左衽。

孔子曾经夸奖齐桓公的重臣管仲：“微管仲，吾其披发左衽矣。”要是没有管仲辅佐齐桓公的话，我们中原各国早就被边疆的少数民族给打败啦。哪还能保住自己的文化传统呢？一定像他们一样披发左衽地生活了。

但后来，代表右衽的“作”字，却并没有保留

任何与衣服相关的含义。而是以站立作为其主要含义。或许，“作”的本义已在历史发展中逐渐失传，而这个字形便被站立这一解释给抢去了。

说　词

作息

作，指劳作；息，即休息。作息，是一对由反义词组成的偏义复词。但它在意义上，却更偏向于作。乐府诗中有一首《孔雀东南飞》，其讲述的是东汉时期焦仲卿和刘兰芝这一对夫妇的爱情悲剧。刘兰芝嫁给焦仲卿后，“昼夜勤作息，伶俜萦苦辛”。此处的昼夜作息，可不是指昼作夜息，而是无论是昼还是夜，刘兰芝都在辛勤劳作，不得停息。可辛勤的付出，却并不能让凶恶的婆婆消除对自己的恶意。她最终还是被婆婆逐出了家门。如此看来，苛求好人去通过自己的善行感化恶人往往是一种不切实际的幻想，甚至是一种对好人的犯罪。

持之以恒

子曰："圣人，吾不得而见之矣！得见君子者，斯可矣。"子曰："善人，吾不得而见之矣！得见有恒者，斯可矣。亡而为有，虚而为盈，约而为泰，难乎有恒矣！"

——《论语·述而》

Confucius said, "A sage, I do not expect to see; if I could only meet with wise and good men, I would be satisfied. A perfectly honest man, I do not expect to see; if I could only meet with men possessed of constancy, I would be satisfied." "Having not and yet affecting to have, empty and yet affecting to be full, straitened and yet affecting to be at ease, it is difficult with such characteristics to have constancy."

注 释

约：穷困。

泰：骄奢。

译 文

孔子说："圣人，我是见不到了，能见到君子就可以了。"孔子说："善人，我是见不到了，能见到有坚守的人就可以了。没有却装作有，空虚却装作充实，贫穷却装作奢侈，这样的人都难以有坚守啊。"

解　字

064 亡

要了解“亡”字的起源，我们必须先认识“刀”字。“刀”在甲骨文中，是一个标准的象形字，它的字形是粗略描摹一把刀的样子。而“亡”，则是在“刀”字上另加了大大的一竖。这一竖，劈断了最为锋利的刀刃。亡，便是被折断了利刃的一把刀——已然失去作用了。

由此，“亡”便成了许多消极含义的代表。在读作 wáng 的时候，“亡”有丢失、逃跑、死亡等含义；而在读作 wú 的时候，它又有没有、不要的解释。此处“亡而为有”中的“亡”，就读作 wú。本来没有却非要装出有的样子，俗话说：死要面子活受罪。指的就是这一种人。

说　词

歧路亡羊

歧路亡羊，是列子所讲的一个故事。列子，原名列御寇，也是战国时期道家的一位思想家。庄子说他有御风而行的本领，可以驾着风在天上飞行，整整遨游十五天才落地。

而歧路亡羊的故事是说：有位牧羊人丢了一只羊，于是他立刻原路返回，想去寻找。可是，走到第一个十字路口的时候，他便无所适从了——面前是三条通往完全不同方向的路，到底羊会走哪一条路呢？而他再仔细一想，面前每一个条路所对应的，更是之后无穷无尽、永无终点的新十字路口。因此，从概率论的角度来看，牧羊人是永远都找不到他的羊了。

列子讲这个故事，是想讽刺孜孜不倦的儒家弟子们：你们一刻不停地追求这虚无缥缈的大道，不就像是在歧路中寻找亡羊的牧羊人吗？莫非你们当中有谁能讲清楚“道”走的方向吗？既然没有，我可担心你们在找“道”的半路，就先让自己迷了路啊。

解　字

065 盈

金

盈，由下部的“皿”字与上部的“夃”字组成。皿，我们已经非常熟悉了，它是装东西所用的器具。而“夃”字，现今却已很少使用，并不多见了。即便如此，它字消而意存。“夃”所指代的物件，仍然活跃在我们的生活当中，甚至比古代更加普及。夃，即顾客从商家处获得的赠品。

下皿上夃，盈，就是怀抱着一整盆的赠品满载而归——赠品都已经多得需要盆来装了，那正品还能少得了吗？于是，“盈”便有了充实、圆满的含义。

说 词

恶贯满盈

恶贯满盈，是指一个人已罪大恶极，到该对他进行清算的时候了。其出处是《尚书·太誓》。这是周武王在灭商之后创作的一篇细数商纣王罪行的文章，其中写道“商罪贯盈，天命诛之”。商纣王的罪行已经满了一贯，因此上天降下大命，派我去惩罚他。

所谓“贯盈”的“贯”，之前在学习“实”字的时候便有交代：贯，是古时候穿钱用的绳子。假如每犯一个罪行，就在绳子上穿一枚小钱，那也得作恶整整一千次，才能穿满一贯。当然，即便商纣王天天琢磨如何作恶，也很难令自己“贯盈”。

子贡就曾为他说过一句公道话：“纣之不善，不如是之甚也。”纣王本人，一定没有历史记载的这么不堪啊。或许，正因为他有了昏君的头衔，大家才把他当成了箭靶子，什么坏事都往他头上安吧。

所以，君子要注重修身，坏事还是一件都做不得的。

大家都喜欢的人

子曰："众恶之，必察焉；众好之，必察焉。"

——《论语·卫灵公》

Confucius said, "When the multitude hate a man, it is necessary to examine into the case. When the multitude like a man, it is necessary to examine into the case."

译　文

孔子说："众人都讨厌一个人，那这个人必须被仔细考察；众人都喜欢一个人，这个人也必须被仔细考察。"

解　字

066 众

众，在简体字中，由三个"人"字组成。不过在甲骨文中，这三人的头顶上，还高高悬着一轮红

日。在日头下劳作的人民——这就是“众”字的起源。后来，随着历史的推进，封建社会的社会阶层中逐渐分出了统治阶级与被统治阶级。“众”字也随之发生了演变，三人头顶上的“日”字，逐渐由“目”所取代。在日头下工作的人民，成为了在官员监督下劳作的百姓。最终，简体字的“众”，毫不犹豫地摘下了这一只监视人民的眼睛，或许这也是众人终得解放的象征吧。

说　词

众口铄金

众口铄金，要注意其正确的写法是“铄”而非“烁”。烁，为发亮、发光的意思。而“铄”则是销熔、熔化的意思。众口铄金，即众人的讨论，令话题的热度已经达到了能熔化金属的地步。用以表示舆论所具有的巨大力量。

解　字

067 察

察，拆字来看，上为屋顶，下为祭祀。在屋里祭祀，那是一定要谨慎妥当，多次检查以求完备的。因此，“察”便有了仔细观察的本义。

此处“众好之，必察焉”中的

“察”，则为考察、审查的含义。如果一个人能被所有人讨厌，那他还真未必是坏人；同样，一个能被所有人喜欢的人，也不一定就是个好人。对这两种人我们都必须要好好考察一番才可。那什么样的人，才是令孔子满意的呢？

孔子说：“不如乡人之善者好之，其不善者恶之。”受善人喜欢的，被不善人所讨厌的，这样的人才是真正的君子啊。

说 词

察察而明

察察而明，即将精力都花在细枝末节的小问题上，把它们观察无遗，还自以为精明能干。这是我们每个人都应当避免的毛病，人生中遇到的所有事情，大多都是不完美的。苛求细节，最终只会影响我们在大方向上的判断。俗话说“难得糊涂”，有时凑合一点，才是真的聪明。

文质彬彬

子曰："质胜文则野，文胜质则史。文质彬彬，然后君子。"

——《论语·雍也》

Confucius said, "When the qualities are in excess of proprieties, we have rusticity; when the proprieties are in excess of qualities, we have hollowness. When the qualities and proprieties are equally blended, we then have a wise and good man."

注 释

史：掌文书的官员，此处用该官职的特征来指代一种毛病，即华而不实，过度浮华而诚信不足。

彬彬：融洽兼备的样子。

译 文

孔子说："本质胜过文采的话，就会显得朴拙；文采胜过本质的话，则会显得浮华。只有文质相符，才能成为君子。"

解 字

068 质

质，繁体字写作"質"。上为"斦"，下为"贝"。斦，为切菜所用的砧板；而"贝"，当然是指自己的宝贝。把自己的宝贝放在别人的砧板之上——俨然一副人为刀俎我为鱼肉的样子。而“质”，也的确具有这般悲剧性的意味。其本义为抵押给别人的物品。

不过，相比于“物”质，最为悲惨的还要算是“人”质。春秋战国时期，由于各国之间背信弃义、违背盟约的情况屡有发生，曾经的君子协议再也不能令人信服，于是催生出了人质这样一种悲惨的制度：在两国缔约的同时，国君还需要将自己的儿子或者女儿抵押给对方。如果盟约破裂，人质便交由对方随意处置，以此来预防违约行为的发生。

然而，对于国君而言，他最不缺的或许就是公子与公主了——彼时，国君有两位数的子女是再平常不过的事情了，甚至许多公子、公主可能终生都没有见过父亲一面。因此，多数成为人质的公子，对国君而言形同路人。于是，当国君面对违约与保全人质性命的选择时，往往还是会果断地选择前者。

历史上著名的楚怀王就是一个例子。楚国本与齐国缔有盟约，交换人质自然是标准流程。然而，秦国为了离间齐楚联盟，派了张仪来面见楚怀王。秦国才刚刚口头上答应了要赠送六百里土地给楚国，连文字合同都还没签，楚怀王便立刻断绝了齐楚同盟，无论屈原怎样劝诫都不悔改。其结果，自然是楚国一寸土地都未获得，还白白与齐国交恶。

只可惜齐楚两国的人质，连在历史上留名的机会都没获得，就白白献出了生命。

不过，齐国人也因此学聪明了。后来，赵国有难，急于向齐国请兵救援。齐国经过打探，要求必须让太后最疼爱的小儿子长安君担任人质不可，否则便拒绝出兵。果然，这一要求令赵太后非常为难。她内心明白，无论多么神圣的盟约，都无法保证其长久。人质的性命其实朝不保夕。出于对长安君的偏爱，她甚至下令，凡敢再有提议要求长安君赴齐国做人质的，“老妇必唾其面”。可最终，无奈国事危急，在老臣触龙的劝谏之下，赵太后还是不得不交出了她最疼爱的长安君。而长安君，自此便在历史中销声匿迹了。

或许因为在抵押物品时，总必须先讨价还价，敲定抵押品重几斤几两，价值几何，于是，“质”逐渐引申出了本质这一引申义。“文质彬彬”中的“质”，便是此意。

说　词

文质彬彬

文质彬彬，便是出自本篇的一个成语。在《论语》当中，“文”与“质”的关系是经常被讨论的一个话题。许多人对此一直有一个误解：中国人总觉得一个人的内心比一个人的外在更加重要。甚至对事情的判断，也将目的看得比结果更加重要。当时，就有人问子贡：“君子质而已矣，何以文为？”一个君子只要内心具有道德不就行了吗，要外在的礼仪修饰有什么用呢？这些不是虚伪的表现吗？

子贡回答：“文犹质也，质犹文也。虎豹之鞟，犹犬羊之鞟？”礼仪是道德外化的表现，而道德也会促使个人去遵守礼节。就像虎豹犬羊的毛皮一样，猛虎就必须配以斑斓的虎皮，你能说这是虚伪吗？反倒是披着羊皮的老虎才虚伪吧。“文”与“质”，也是不可分离的。“质”，是君子的内在；而“文”，是“质”必然的外化表现。没有“文”的君子，不就像披着羊皮的猛虎一样可笑吗？

解　字

069 胜

胜，是一个形声字。只不过，从简体字的胜，我们已看不出它最初的读音。在繁体字中，它写作“勝”，由“朕”字与“力”字组成。而“朕”，就是它最早的读音。只不过，汉语的读音历朝历代都发生过巨大的变化，究竟是“胜”的读音发生了变化，还是“朕”的读音偏离了初心，我们已很难讲清。但无论如何，发展到如今，只有把“朕”换作“生”，我们才能继续稳妥地称“胜”是一个形

声字了。

从“胜”繁体字形中的“力”字，我们不难猜出它的本义。胜，是指体力足以承受，足以胜任某项工作的意思。同时，我们也可以说，经受住了一次考验，事实上便等于战胜了一次挑战。于是“胜”又引申出了获胜、胜出、胜过等含义。

说 词

胜残去杀

胜残去杀，这个成语乍看起来颇为血腥，又“残”又“杀”。但仔细一看，“残”和“杀”的前面又各自加上了“胜”与“去”字。胜残去杀，是孔子的政治理想。他说：“善人为邦百年，亦可以胜残去杀矣。”假如能让善人治国百年，那么一个国家就可以胜残去杀了啊。

胜残，即胜过残忍之人，让残忍之人无法在国内为非作歹；去杀，便是废除死刑。一个需要依靠严刑峻法才能防止百姓犯法的国家，一定是野蛮而落后的国家。一个理想的国家，应当是让百姓安居乐业，有恒产而有恒心，有了恒心，自然也就消除各种作奸犯科的念头了。

君子三戒

孔子曰："君子有三戒：少之时，血气未定，戒之在色；及其壮也，血气方刚，戒之在斗；及其老也，血气既衰，戒之在得。"

——《论语·季氏》

Confucius said, "There are three things which a man should beware of in three stages of his life. In youth, when the constitution of his body is not yet formed, he should beware of lust. In manhood, when his physical powers are of full vigour, he should beware of strife. In old age, when the physical powers are in decay, he should beware of covetousness."

译　文

孔子说："君子有三戒，年轻的时候，血气还不成熟，要防止沉迷女色；到了壮年，血气正盛，要防止好勇斗狠；到了老年，血气已衰，要防止贪得无厌。"

解　字

070 定

定，由"宀"与"正"字组成。而"正"，最早其实是"征"的本字。在甲骨文中，"正"由代表城池的"口"字与模拟脚掌形状的"之"字组成。上"口"下

“之”，“正”字便描绘出一幅军队大踏步进城的图景。因此，“正”最初是征讨、讨伐的意思。而“定”，则用了一个“宀”将征讨的成果收入囊中，于是，“定”便有了平定、安定的本义。

此处“血气未定”，指血气尚未成型稳定，不够成熟。血气这一概念或许有些玄学的色彩。但孔子的确依此讲出了人在不同年龄段最易沉迷其中的恶习：少年好色、壮年好斗、老年好得。

说 词

定鼎

定鼎，即建国定都的意思。据说大禹在治水成功后，曾用各地上贡的金属，铸成九鼎，用以象征当时中原地区的九州。而九鼎所在的位置，便是天下的中心——国都所在的位置。定鼎之说由此而来。

后来，夏商周三代更替，九鼎也代代相传。九鼎易主也成为国祚更替的象征。直到公元前256年，周朝被秦昭襄王带兵所灭。九鼎也作为战利品，随秦军迁回咸阳。但却不幸在半路落入泗水，从此不知下落。

因治水而铸，最后却又归回水中。九鼎的命运可谓传奇。

乘车的规矩

升车，必正立，执绥。车中不内顾，不疾言，不亲指。

——《论语·乡党》

When Confucius was about to mount his carriage, he would stand straight, holding the cord. When he was in the carriage, he would look straight before him without turning his head. He would not talk fast or point with his fingers.

注 释

绥：上车用的扶手。

译 文

上车，一定先端正地在车旁站好，再拉住扶手上车。在车内不回头看，不高声说话，不指指点点。

解 字

071 顾

顾，是一个形声字。不过，要发现“顾”字的形声之处，我们必须先将它转换为繁体字“顧”。如此便一目了然，左边的“雇”即表音符号。而右边的“页”字，则表示额头。与额头相关，又发

“雇”的音，“顾”字便诞生了，意为“回头看”。

另外，在表音符号的选择上。仓颉也动了脑筋。“雇”字在注音之余，其本义是一种鸟。只不过，具体雇鸟的相貌与形态，目前已难得知，但古书记载，雇鸟是一种与农业相关的候鸟。每当雇鸟飞来，农民便知道要结束冬日的休息，重返田地劳作了。因此，“雇”字本身也暗含着返回的意思——将额头返回去，那不就是回头看的意思吗？

说　词

顾盼

“顾”与“盼”，都有看的意思。顾，为回头反复观瞧。而盼，所谓“美目盼兮”，是指眼睛黑白分明的样子。眼睛之所以黑白分明，自然也是因其全神贯注。既要一丝不苟仔细观瞧，又要频频回头反复确认，焦虑的心情可想而知，难怪顾盼常被用来指对心爱之人的观瞧。

通行天下的五种品质

子张问仁于孔子。孔子曰："能行五者于天下，为仁矣。"请问之。曰："恭、宽、信、敏、惠。恭则不侮，宽则得众，信则人任焉，敏则有功，惠则足以使人。"

——《论语·阳货》

Zi-zhang enquired about perfect virtue. Confucius said, "To be able to practice five things everywhere constitutes perfect virtue." Zi-zhang asked what they were. Confucius said, "Earnestness, consideration towards others, trustworthiness, diligence, and generosity. If you are earnest, you will not be treated with disrespect. If you are considerate towards others, you will win the hearts of the people. If you are trustworthy, men will trust you. If you are diligent, you will accomplish much. If you are generous, you will find plenty of men who are willing to serve you."

译 文

子张向孔子问如何才算仁。孔子说："能处处做到五点，就能算仁了。"子张继续追问是哪五点。孔子说："恭敬、宽容、忠信、勤敏、慈惠。恭敬就不致遭受侮辱，宽容就能获得众人拥戴，忠信会让别人选择任用你，勤敏则能建立功业，慈惠才能役使他人。"

072 惠

惠，在金文中由上半部分的“专”字与下半部分的“心”字组成，所谓“专心为惠”。那么，什么叫“专心”呢？孟子曾讲过一个故事：弈秋是世上最有名的围棋大师，有两个学生一起跟着他学下棋。“其一人专心致志，惟弈秋之为听；一人虽听之，一心以为有鸿鹄将至，思援弓缴而射之。”其中一个学习的时候专心致志，只听弈秋的讲解；另一个虽然人在课堂上，但眼睛却盯着天上的鸿鹄，盼着下课后去弯弓打猎。这两位学生如果参加期末考试，那一定是专心致志的那一个考得好。只不过，孟子所说的专心，是指一心一意地去做某件事情，与此处的“专心为惠”依然有一些差别。

若要解释这里的“专心”，还是得从“专”字入手。专，之前曾经学过，它有单纯、纯粹的意思。那么专心，便是指完全由内心发出的、最为纯粹的情感，它不带任何理性的权衡与私心的影响——这就是孟子所说的“赤子之心”。同时，“专”也是“转”的本字，如果把“专心”看作“转心”，那么“惠”便是一种能够令人回心转意的力量。这种力量，就来自恻隐之心。孟子说：“恻隐之心，仁之端也。”那么，什么是恻隐之心呢？其实就是我们常说的同理心。面对他人的悲伤与不幸，我们也能在内心感同身受，而不是幸灾乐祸，落井下石。同样，我们也必须理解并尊重他人的快乐与幸福，即使别人的快乐在我们看来或许不值一提。如此，便是恻隐之心，也就是对“惠”字的最佳解释了。

说 词

实惠

实惠，指有实际的利益和好处的东西，常用来形容我们所买的商品。如果从字面上去理解，所谓“实惠”，便是要将内心中的“惠”施于实际，让“惠”从虚无缥缈的心理活动转化为实际且具体的存在。对商人而言，虽然他们的首要目标是追求利益，但如果商人没有“惠”心，卖假冒伪劣产品，那么他们的生意也注定不能长久。那么，商人该如何做到“实惠”呢？其途径也不外乎两种，要么提升产品的质量，要么降低商品的价格。只要能做到“一分钱，一分货”，那便可称得上是实惠了。

于从政乎何有？

各有千秋的弟子

孟武伯问："子路仁乎？"子曰："不知也。"又问，子曰："由也，千乘之国，可使治其赋也；不知其仁也。""求也何如？"子曰："求也，千室之邑，百乘之家，可使为之宰也；不知其仁也。""赤也何如？"子曰："赤也，束带立于朝，可使与宾客言也；不知其仁也。"

——《论语·公冶长》

Meng Wubo asked about Zi-Lu, whether he was perfectly virtuous. Confucius replied, "I do not know." Meng Wubo asked again. Confucius replied, "In the government of a kingdom of a thousand chariot he could be entrusted with the military. But I do not know whether he is perfectly virtuous." Meng Wubo then asked about Ran Qiu. Confucius replied, "In the government of a city of a thousand families, or a fief of a hundred chariots, he could be entrusted with the chief authority. But I do not know whether he is perfectly virtuous." Meng Wubo finally asked about Gongxi Chi. Confucius replied, "With his sash and standing in a court, he could be entrusted with the duty of entertaining the visitors. But I do not know whether he is perfectly virtuous."

注　释

孟武伯：鲁国大夫。

家：卿大夫的采邑。

译　文

孟武伯问："子路仁德吗？"孔子说："不知道。"他又问，孔子说：“仲由啊，在千乘之国，让他管理军政是可以的，但不知他是否仁德。”孟武伯问：“冉求呢？”孔子说：“冉求，让他总管一个千户之邑，或百乘之家都能胜任，但不知他是否仁德。”孟武伯问：“公西赤如何呢？”孔子说：“公西赤，穿上礼服，立于朝堂，可以让他接待国家的宾客，但不知他是否仁德。”

解　字

073 赋

赋，是一个形声字。由“武”表音，由“贝”表意。当然，我们也可以从它的字形作另一种解释：赋，便是通过武力与强权来获得百姓财物的方式。由此，“赋”有了征税的本义。

在古代，无论中外，税吏都是最被人讨厌的官员。孔子把他们直接称为“执鞭之士”——当税吏遇到不愿或无力交税的百姓，就以鞭子惩戒。毕竟，若没有鞭子的威慑，又有谁愿意拿自己的钱去为贵族们的奢靡生活买单呢？可也正因税吏有手握鞭子的权力，所以在征税的过程中，对百姓的敲诈勒索

更是不在话下。孔子直言：谁如果想致富，那最快的途径就是放下尊严，拿起鞭子，做一个雄赳赳的执鞭之士。

本则中，“赋”为兵役、军队的意思。子路是孔门第一勇士，因此孔子说：让子路统领千乘之国的大军，一定没问题。

说词

赋闲

赋闲，即无事闲居在家的状态。此处的“赋”，并非征税之意。而是文言文中的一种文体。赋，是一种兼具诗歌与散文特征的文体，在写作时如诗歌一般强调对仗，但在格式上又有散文的自由。但赋最明显的特征，其实是它对罗列与铺陈的重视。

西晋时期，潘岳曾作《闲居赋》一文——他已经闲得都能为闲而作赋了，“赋闲”一词由此而来。潘岳是中国历史上最有名的美男子，据说他每次步行出门，都会有许多姑娘手拉着手围着他转圈。如果他改为乘车出行，姑娘们便会对着他的车扔水果，结果一整辆车都能被水果装得满满当当。

此处摘录一段《闲居赋》中罗列潘岳赋闲后饮食之乐的文字：

爰定我居，筑室穿池，长杨映沼，芳枳树篱，游鳞瀺灂，菡萏敷披，竹木蓊蔼，灵果参差。张公大谷之梨，梁侯乌椑之柿，周文弱枝之枣，房陵朱仲之李，靡不毕植。三桃表樱胡之别，二柰耀丹白之色，石榴蒲桃之珍，磊落蔓延乎其侧。梅杏郁棣之属，繁荣藻丽之饰，华实照烂，言所不能极也。菜则葱韭蒜芋，青笋紫姜，堇荠甘旨，蓼荾芬芳，蘘荷依阴，时藿向阳，绿葵含露，白薤负霜。

若不是真闲，潘美男哪能铺陈成这样呢？

信誉是治国之本

子贡问政。子曰："足食，足兵，民信之矣。"子贡曰："必不得已而去，于斯三者何先？"曰："去兵。"子贡曰："必不得已而去，于斯二者何先？"曰："去食。自古皆有死，民无信不立。"

——《论语·颜渊》

Zi-gong asked about governance. Confucius answered, "There must be sufficient food for the people and efficient army; and confidence of the people in their rulers." Zi-gong asked, "If one of these were compelled to be dispensed with, which of the three should be forgone first?" Confucius answered, "Dispense with the army." Zi-gong asked, "If one of the remaining two were compelled to be dispensed with, which of them should be forgone?" Confucius answered, "Dispense with the food. For from the ancient time, men always die, but without the confidence of the people in their rulers, there can be no government."

译　文

子贡问如何治理国家，孔子说："充足的粮食，充足的军备，获得百姓的信任。"子贡说："如果不得已要在三者中去掉一个，哪一个先被去掉呢？"孔子说："去军备。"子贡说："如果不得已要在二者中去掉一个，哪一个先被去掉呢？"孔子说："去粮食，自古以来人都是要死的，但如果没有百姓的信任，（任何人）都是立不住的。"

解 字

074 兵

兵，在甲骨文中所描绘的，是双手持斧的动作。两手一左一右，合握住中间的斧柄，一副蓄势待发的姿态。而“兵”字最早指代的，就是手中的这一把利斧。兵器，是“兵”的本义。后来，“兵”的指代对象，才从斧头，转移到了双手的主人，有了士兵这一引申义。

此处，“足兵”的“兵”，依旧指兵器。足兵，便是军备充足的意思。军备的确是一个国家的重要资源，唯有强大的国防力量才能保卫国家的安全。然而，当面临足食与足兵，二者必去其一的选择时，孔子毅然选择了“去兵”。毕竟，相较于政权的稳固，百姓的生计显然更为重要。受孔子思想的影响，自古以来，中国有许多降城以保民的君主。

战国末期的齐王建就是其中之一，在秦灭五国之后，齐国已形单影只。但秦国却并没有停下其一统天下的脚步，公元前221年，秦国大将王贲率军攻打齐国。面对气势汹汹的秦军，齐王并没有要求齐国的百姓奋战到底，以死卫国。而是亲自出城投降，以保全齐国百姓安全。当然齐国之灭亡确有齐王咎由自取之处，其他五国先后沦陷，他却仍迷信着与秦国缔结的和平条约，从不对他国施以援手，最终，齐国也步了五国的后尘。

说 词

兵不血刃

兵不血刃，即兵器都没有被血沾染到锋刃，就赢得了战争。这也是儒家思想中最为理想的战争。孟子曾经说过一句话："尽信《书》，则不如无《书》。""书"指《尚书》，后泛指一切书。那么，《尚书》里的哪一句话令孟夫子起了怀疑呢？原来，《尚书》中有一篇《武成》，这篇文章记载了武王伐纣的过程。其中有一个细节描写：在武王伐纣的战争结束后，血流成河，连盾牌都在鲜血上漂浮了起来。孟子便很不解，武王伐纣，这样一场至仁伐至不仁的战争，怎么可能"血之流杵"呢？应当是纣王的军队临阵倒戈，武王兵不血刃便赢了战争才对嘛！

解 字

075 去

去，是一个非常形象的字。在甲骨文中，"去"由一"人"一"口"组成。口，是一扇门的象形。"人"在"口"上，则

是人走出了大门——离去了。离开、走开，便是“去”字的本义。

此处“去兵”“去食”，则使用了“去”的引申义，表示去除、去掉的意思。

说 词

过去

过去，即已然经过，并离我们远去的事件与人物。也就是我们常常所说的历史。与之相对应的词，则是未来——还未到来的事件与人物。佛教中有个词语叫作“去来”，这是过去与未来的统称。从因果论的角度来看，观过去，便可以知未来。孔子也说：“虽百世，可知也。”只要摸透了过去，即使是千年以后的未来，也能为人所预知。

20 世纪，人们曾拍摄了成百上千部科幻电影，预测新千禧年的世界。然而千禧年已过，他们的预言却鲜有印证，也不知是因为未来的变化实在太快，还是他们对过去没有研究透呢？

父子相隐中的正直

叶公语孔子曰："吾党有直躬者，其父攘羊，而子证之。"孔子曰："吾党之直者异于是，父为子隐，子为父隐，直在其中矣。"

——《论语·子路》

Ye Gong said to Confucius, "Among us here, there is a man who is so upright that when his father steals a sheep, he is ready to bear witness against him." "In our country," replied Confucius, "the upright man is different. He considers it consistent with true uprightness for a father to be silent regarding the misdeed of his son and for a son to be silent concerning the misdeed of his father."

注　释

直躬者：对直躬者，一直有两种不同的解释。其一为正直且身体力行的人；其二为一个名叫躬的正直的人。

攘：偷。

证：告发。

译　文

叶公对孔子说："我们这里有一个人品正直且身体力行的人，他父亲偷了羊，他主动告发了自己的父亲。"孔子说："我们那里正直的人和你讲的不一样，父亲会为儿子隐瞒，儿子也会为父亲隐瞒，正直的品质就在其中了。"

076 异

异，在甲骨文中是一个非常恐怖的字。它所刻画的，是一个人身鬼脸、张牙舞爪的生物。或许商朝的父母会这样吓唬孩子："你再不听话，晚上异可就要来抓你了！"

由于鬼怪的形状完全由人的想象决定，各有各的不同，也各有各的可怕法。于是，异就有了怪异、不同等含义。

孔子说："吾党之直者异于是。"我们那边的正直者才不像这样呢！在孔子看来，父亲偷羊，儿子举报，只不过是"虚假正义"。人类设置法律的初衷，是为了维护社会生活的正常运行。而社会正常运行的基础，则是人与人之间的信任。父子关系，是所有人际关系中最为亲密的。假如父亲犯错，连儿子都必须告发，这岂不是让父子之间都失去了信任吗？这样的行为怎么能算作是正义呢？

因此，在孔子看来，告密者如同乡愿一样，也都属"德之贼也"！

说 词

异曲同工

异曲同工，逐字解释为：不同的乐手用不同的曲调演奏，但却一样精彩。以此来指对一件事，采用不同的做法或说法，最终却达到了相同的结果。工，在古代特指从事音乐创作或演绎的艺人。由此，“工”也引申出了精彩、精巧的含义。异曲同工中的“工”，便是此意。

片言折狱的子路

子曰：“片言可以折狱者，其由也与！”子路无宿诺。

——《论语·颜渊》

Confucius said, “One who can settle a dispute with half a sentence, that is You!” Zi-lu never slept over a promise.

注　释

宿：隔夜。

译　文

孔子说：“只根据（原被告双方）一方的证词就可以断案的，大概只有仲由吧！”子路没有什么诺言需要过一夜再兑现的。

解　字

077 狱

金

“狱”的本义是诉讼、打官司。从字形来看，“狱”字两边各是一条狗，中间则是一个“言”。它表现的是两条狗叫喊着吵架的情景——这就是古人对打官司的态度。在古人看来，只有品行不端的人，才会通过打官司去解决问题。一个明理人难道不能通过跟别人讲道理

来化解矛盾吗?

连孔子也说，他当法官的理想是：“必也使无讼乎！”这一国的人都不打官司才好呢！然而，赋予打官司道德属性显然是古老且过时的观念。如今，法律是每一个人维护自身合法权利的武器。在现代社会，受到侵犯却不愿使用法律保护自己的人，才像低声哀叫的狗一样可怜呢。

说　词

片言折狱

片言折狱，便是从本章而来的一个成语。子路当法官的时候，只用听被告或原告一方的证词，就能作出判决。显然，这是一种不负责任的做法。古人曾解释说，这是因为子路为人忠厚，所以谁都不愿意欺骗他，因此找他断案的人一定都会如实相告。但显然，这样的说辞也是难以令人信服的。无论是被告还是原告，法官的判决都能够影响他们的一生。如果每个法官都像子路一样草率，那还有谁敢去打官司呢？所以孔子才调侃说：“也就仲由这样没脑子的人，才敢片言折狱啊。”

如何解决偷盗问题

季康子患盗，问于孔子。孔子对曰：“苟子之不欲，虽赏之不窃。”

——《论语·颜渊》

Ji Kangzi was distressed at the frequency of robberies in the country. He asked Confucius what should be done. Confucius said: "If you were not covetous, even though you should reward them for stealing, the people would not steal."

注　释

季康子：鲁国大夫。

苟：假如。

译　文

季康子为盗贼太多而烦恼，便向孔子询问（该怎么办）。孔子回答说：“假如您自己不贪图钱财，那就算奖励盗窃之事，也没有人去做。”

解　字

078 窃

窃，如今看来是一个形声字，但如果我们研究研究它的繁体字，就会有更加有趣的发现。在很多古籍当中，“窃”都写

作“竊”。其中，左下角的“采”字，有时也会写作“米”字。而右下角的“禼”，则是一种小虫子的名字。这样看来，“竊”所描绘的，就是一只小虫子在洞穴里偷米吃的场景。用这样一个偷偷摸摸的小动作，就表达了“窃”字的意思。

也因此，“窃”总给人一种胆小怯懦的感觉。与明目张胆的“盗”不同，“窃”是只敢在夜深人静时悄悄地偷一点东西。而古人如果对自己的意见不够自信，也总是说“窃以为”。

此处孔子也拿“盗”与“窃”来作对比：只要统治者不贪图钱财、唯利是图，那老百姓连“窃”都不屑去做。可在季康子的统治下，老百姓却人人争着为“盗”，如此看来，这统治者得贪得无厌到何种地步才能把百姓逼成这样呢！

说 词

窃国

窃国，即窃取国家的大权。这是庄子发明的词语。庄子讲过一个故事：有些人因为担心小偷，所以把家里所有值钱的东西都锁在一个柜子里，还用绳子捆得牢牢的，生怕抽屉锁不紧。然而，不幸的是，小偷没来，大盗来了。而大盗才不会浪费时间解锁，他直接背起柜子就走。他还嫌你把柜子锁得不严，绳子捆得不紧——不然一边跑一边漏，还不好拿呢。

同理，国家也是如此，国君为了保住自己的王位，一遍遍地用忠孝仁义教育臣子，就怕他们对自己不忠，起了谋反之心。然而，真正的窃国大盗来的时候，却连着忠孝仁义一起给偷走了——他也继续用这一套思想教育他的臣民，还生怕前朝的忠孝教育做得不够彻底呢。

仔细研读中国古代历史，就会发现，封建统治者对忠孝的要求一朝更甚一朝。大家都以为，只要我锁上得够多，绳子捆得够紧，就没人能偷走我的宝贝。可只有庄子看明白了：再费工夫，不也是在帮大盗打包吗?

被孔子开除的徒弟

季氏富于周公，而求也为之聚敛而附益之。子曰："非吾徒也！小子鸣鼓而攻之可也。"

——《论语·先进》

Ji Kangzi was richer than the duke of Zhou, and yet Qiu collected the imposts for him, and increased his wealth. Confucius said, "He is no disciple of mine. My children, beat the drum and assail him."

注　释

季氏：即季康子。

周公：对周公的解释有两种：其一是指周公旦；其二则是特指当时的周公。周公，即周天子之卿，而季氏，只是鲁国之卿。诸侯国之卿竟然富过天子之周公，显然是违背礼法且极度荒谬的。

译　文

季氏比周公还富有，但冉求却还在为季氏聚敛来增加他的财富。孔子说："（冉求）不再是我的门徒了！弟子们你们去敲着鼓攻击他好了。"

解 字

079 聚

聚，是一个形声字。上为“取”，下为“乑”。“取”字表声。而“乑”，其实是“众”的异体字。在篆书中，“聚”字的下半部分画着三个站立的人形，后来这三个人最终演变成了“乑”的形状。由此，我们便不难猜出“聚”的本义，也就是人群聚集、集合的意思。

在这一则《论语》中，冉求为季氏聚集的，可不是人民，而是财富。要为贵族聚敛财富，那唯一的途径，就是去盘剥百姓——季氏已然富过周公，但身为季氏家臣的冉求不但不制止，反而还为了满足主子的贪欲继续增加百姓的赋税。冉求一直都是孔子的得意门生，结果毕业从政之后，就立刻忘记了老师的教诲。难怪孔子气得发抖：“小子鸣鼓而攻之可也。”

说 词

财散人聚

财散人聚，是生意人常说的一句话。在这一则《论语》

中，冉求与季氏显然是反其道而行之。但在战国时期，却有另一对主仆做到了这四个字。

战国时期，齐国的孟尝君是大名鼎鼎的“四公子”之一。他有一位家臣叫作冯谖。有一次，孟尝君派冯谖去自己的采邑薛收租。冯谖在出发前，特地问孟尝君：“主公，这次去收租，需要我帮您采购一些什么土特产回来吗？”孟尝君随口答道：“你看看我家里缺什么就随便买一点吧。”冯谖接到命令后，来到了薛地。对当地百姓说：“为照顾各位乡亲父老的生活。主公已经决定，免除这一年的所有租金。如果各位有未还清的欠条，也请拿来我们当众焚烧，主公一概再不追讨。”

完成工作的冯谖回来向孟尝君汇报，孟尝君看他空手而归，十分疑惑：“冯先生，我的土特产呢？”冯谖回答：“我为主公采购了‘义’回来。”孟尝君虽然心里不悦，但也无可奈何。

后来，孟尝君失势被贬，回到了薛地。他本以为落魄的贵族会如落水狗一般人人喊打，结果他在薛地却受到了百姓热情的迎接。这时他才明白冯谖财散人聚的高明之处。

禹为什么是圣王

子曰："禹，吾无间然矣！菲饮食，而致孝乎鬼神；恶衣服，而致美乎黻冕；卑宫室，而尽力乎沟洫。禹，吾无间然矣！"

——《论语·泰伯》

Confucius said, "I can find no flaw in the character of Yu. He was extremely simple in his own food and drink, but lavish in what he offered in sacrifice. His clothing was coarse and poor, but when he went to worship, he appeared in rich and appropriate robes. He lived in a low, mean house, but he spared no expense in useful public works. I can find no flaw in the character of Yu."

注 释

菲：菲薄，不丰厚。

黻冕：祭祀或上朝穿戴的礼服。

沟洫：水利工程。

译 文

孔子说："禹啊！我挑不出他任何瑕疵。他自己的饮食很简陋，却在祭祀鬼神时使用丰盛的祭品；他平时衣着朴素，但礼服却非常华美；他自己的宫室低矮狭小，但却尽力兴修水利工程。禹啊！我挑不出他任何瑕疵。"

080 间

在古代，“间”这个字，“门”当中的并不是“日”，而是一弯明月。它写作“閒”。透过门缝向外观瞧，结果望到了天上的月亮——“閒”字所强调的，正是两边门关上后在中间留下的那一条缝。缝隙，便是“间”的本义。

能有兴致透着门缝看月亮的，一定是清闲之人。因此，“閒”又有了 xián 的读音，同时也演化出了“清闲”的引申义。后人为了区分，便把“閒”的月亮换成了太阳，另造出一个“間”字，用它来指代与缝隙相关的各类含义，仍读作 jiàn 或 jiān。如今的“间”字就由此演变而来。至于本字“閒”，则只专让它与爱赏月赋诗的闲人作伴了。

此处，孔子说：“吾无间然矣！”这句话也有两种解释。二者都是由“间”的本义“缝隙”引申而来。第一种解释认为，夸赞禹的人实在是太多了，已经没有缝隙供孔子进去再插一句新的赞扬。第二种则将缝隙引申为挑剔，也就是说孔子认为禹的为人实在是太完满了，根本没有办法挑出瑕疵。此处，笔者更赞同后者的解释。

说　词

间接

间接，与之相对的概念便是直接。直接，很容易理解。甲与乙之间没有任何分隔，他们不需要任何帮助便可沟通联系。而间接则给他们二人增添了困难，本来畅通无阻的沟通线路，中间却生出了一条缝隙——断开了。因此，他们必须通过第三者的帮忙，才能够重新连接上。间接，便是指这样一种必须经过中间人或中间物才能产生联系的关系。

解　字

081 尽

尽，在甲骨文中所展示的是日常生活中一项令我们头疼的家务——刷杯子。杯子口窄而底深，用手常常擦洗不到杯底，必须有刷子的帮助才行。而“尽”字的甲骨文，所画的正是手握刷子刷杯子的情景。

尽，器中空也。刷干净的杯子，就叫作“尽”。于是，“尽”有了没有、完结的本义。此处孔子夸赞大禹“尽力乎沟洫”，便是指大禹为了疏通河流、治理洪水用光了自己的全部精力。

据说，尧帝统治天下的时候，洪水泛滥，百姓无以为家，很多人都不得不住在树上。尧派了禹的父亲鲧去治理洪水，鲧偷窃了天帝的息壤，想用它修筑堤坝堵住洪水，结果修了九年都没有成功，还被天帝发现了他偷息壤的罪行。盛怒之下，天帝命祝融杀了鲧。鲧死以后，禹继承了父亲的遗志，继续治理洪水。不过与鲧的堵不同，禹专注于导。他花了十三年时间，带头挖了一条条沟洫疏通河道，将洪水引入大海，最终完成了他拯救苍生的使命。若没有大禹，人类现在可能还住在树上，说不定都已经退化回猴子了呢。

说　词

尽善尽美

尽善尽美，是出自《论语》的一个成语，子谓《韶》："尽美矣，又尽善也。"

《韶》，是讲述周文王生平的一首歌曲，孔子称赞这首曲子尽善尽美。那么，究竟是怎样神奇的歌曲，才能让孔子给出这么高的评价呢？据孔子亲口所说，当他第一次听过《韶》之后，竟然陶醉到三个月都尝不出肉的香味。孔子一生最爱的食物就是红烧肉，而且食不厌精脍不厌细，如果肉切得不够方正，他都不愿下箸。能让孔子忘记自己最爱的味道，足见《韶》之美妙。

因此，若不是大禹或《韶》乐这般怎样都挑不出瑕疵的圣人与作品，都实在是配不上尽善尽美这个头衔。

聪明人与鲁莽人

子谓颜渊曰："用之则行，舍之则藏。惟我与尔有是夫！"子路曰："子行三军，则谁与？"子曰："暴虎冯河，死而无悔者，吾不与也。必也临事而惧，好谋而成者也。"

——《论语·述而》

Confucius said to Yan Yuan, "To act when called upon to act, in public life, and, when neglected to be content to lead out a private life. It is only I and you who have attained to this." Zi-lu asked, "If you were in command of an army, whom would you have to act with you?" Confucius answered, "I would not have him to act with me, who will attack a tiger unarmed, or jump into the river, without fear of death. The man I would have with me would be a man who is conscious of the difficulties of any task set before him, and who, only after mature deliberation, proceeds to accomplish it."

注　释

暴虎冯河：暴虎，徒手打老虎；冯河，徒步过河。二者都是冒险逞强、有勇无谋的行为。

译　文

孔子对颜渊说："用我，以道行世；不用我，则藏道于身。只有我和你能做到啊！"子路说："老师如果统领三军（作战），会带谁去呢？"孔子说："徒手打虎、徒步过河、死而无悔的鲁莽人，我才不跟他一起呢。（我选择的，）一定是遇事小心谨慎、善于谋划且最终成功的人。"

082 行

行，是一个象形字。在甲骨文中，“行”就是一幅十字路口的俯拍图。因此，“行”的本义便是道路。不过，要注意的是。当“行”表示道路的时候，它的读音为 háng。在表示由道路演变出的引申义时，“行”也都是这个读音，如行伍、行列、留下两行热泪等等。

后来，“行”有了行走、通行的引申义。同时，它也演变出了新的读音——xíng。此处“用之则行”，便读作 xíng，表示实施的意思。

孔子曾经说过：“道不行，乘桴浮于海，从我者其由与！”假如我的道行不通了，愿意跟我驾一叶小舟去大海流浪的，只有仲由吧。作为大师兄的子路对老师的这句话非常感激，老师俨然已经公开表示子路是自己最喜欢的学生。结果这次老师又对颜回表示了好感：“用之则行，舍之则藏。惟我与尔有是夫！”——本来说好的一起乘桴浮于海，怎么突然改成舍之则藏，还不带我了呢？以子路的急脾气，

听到这里不着急才怪了呢！

说　词

行李

行李，现在指代出行所携带的生活必需品。但在古代，它所指的并不是东西，而是人。李，在古代可以通“理”字，指代法官。行李，便是到处行走并处理纷争的官员——即我们现在所说的外交使节。“行李”这个词的起源，得从一个故事讲起：

春秋时期，秦、晋两个大国派兵攻打郑国，郑国是一个小国，无力抵抗秦晋联军。于是郑国国君派了老臣烛之武，前去游说秦穆公，期望能让秦国退军。

在地理上，秦、晋、郑三国的位置一字排开。秦国在西边，晋国在中间，郑国在东边。因此，秦国如果要攻打郑国，必须先经过晋国的地界。烛之武便以此为题，说道：“如今，秦晋两个大国一起攻打郑国，郑国弱小，必定灭亡。可是，灭亡郑国真的对秦国有什么好处吗？郑国离秦国远而离晋国近。那么，郑国灭亡后，秦国该怎么越过晋国来统治郑国的土地呢？——所以，最后的结果一定是整个郑国都被晋国抢走了吧。如此看来，秦君现在的所作所为，不就是在牺牲自己的军队替强邻打仗，壮大别人的势力吗？”

秦穆公若有所思。烛之武继续说道：“若舍郑以为东道主，行李之往来，共其乏困，君亦无所害。”如果这次秦国愿意放过郑国，郑国愿意做秦国向东路上（招待客人）的主人，只要有秦国的使者路过郑国，他都会受到贵宾般的招待。这样对秦国不是更好吗？

秦穆公听罢，满意地点了点头。不但同意不再攻打郑国，还派遣了自己的一部分军队去帮助郑国守城，以抵御晋国袭击。郑国由此得以保全。中国的语言体系也增添了两个新词：一个是本文介绍的“行李”，另一个则是“东道主”。

解　字

083 舍

舍，在金文中，是一幅简略的建筑设计图。底下的“口”，表示建筑的地基，中间的“干”则是支撑房屋的梁柱，顶上的“人”，便是屋顶了。因此，“舍”的本义是房屋。

但此处“舍之则藏”的“舍”，实际上与房屋并无任何关系。其标准的写法应当是“捨”。它是一个以“舍”为表音符号的形声字，表示丢弃、放下的意思。但人们在写字时总爱偷懒，所以很少有人愿意端端正正地写一个“捨”

字。“舍”“捨”二字最终只好混为一谈，没了分别。

说 词

舍得

舍得，便是舍弃了能够得到的机会。这往往是一种经过深思熟虑后，非常留恋但又无可奈何的放弃。因此，舍得所舍弃的，一定是珍贵且心爱的物件。若是像尧、舜那样，弃天下如弃敝履的，那就只是单纯的抛弃，而谈不上舍得。正因舍得之中其实满含着不舍之情，我们才会这样安慰别人：有舍才能有得，要先舍才能后得，等等。但或许只有当事者才明白，即使未来真能有“得”的兑现，也无法化解当下“舍”的委屈啊。

解 字

084 谋

谋，是一个形声字。“某”是它的表音符号，而言字旁则展示了“谋”字的使用方式——需要几个人在一起讨论讨论，才能最终谋划出一个妥当的方案。于是，“谋”字便专指代咨询、谋划等需要仔细考量、多次探讨的活动。

前文有道，孔子赞扬颜回令子路吃了醋。子路心知自己学习比不过颜回，但从体格上，颜回却不是自己的对手。所以他仗着自己孔武有力，挑衅地向孔子问道："老师，你可别急着夸颜回。他虽然成绩好，但成绩好有什么用？等到打起仗来，您最放心依靠的是谁呢？"虽然子路以一个问句结尾，但他却明显给出了孔子回答这一问题的提示——当然是勇猛过人的我嘛！

子路的小心思孔子看得一清二楚，但孔子也是个有脾气的人：既然你不准我夸奖颜回，那我也偏不说你的好话。于是孔子答道："等真的上了战场，像你这种徒手打老虎的粗蛮人，都不知道是怎么死的，我还敢把自己托付给你吗？要我说，还是颜回那样，临事而惧、好谋而成的人才靠得住啊。"

说　词

与虎谋皮

与虎谋皮，最开始其实写作"与狐谋皮"。或许是后人以为狐狸不够威风，向它讨皮没有什么难度，才用老虎替换了狐狸。但无论如何，我们在这里还是要回归源头，讲讲"与狐谋皮"的起源。

鲁国国君鲁定公想重用孔子，但他还拿不定主意。所以他请来了大夫左丘明向他请教："左先生，我听说孔丘是一位圣人，很想请他做大司寇。但我对他还不够了解，我现在是不是该去问问三桓[1]的意见呢？”左丘明则回答：“我听说有一个人，他最爱吃烤羊，也最爱穿皮衣。所以他先跑去跟羊商量，让羊多长些肉。又去跟狐狸商量，让狐狸交出自己的皮毛。可还没等他说完，羊就逃回了草原，狐狸也逃回了山谷。因此，他十年都没做出一件皮衣，五年都没吃到一只烤羊。像孔子这样的圣人，您请他整顿政治，三桓还能保住自己的特权吗？您如果向三桓征求有关重用孔子的意见，那和与狐谋皮有什么区别呢？”

鲁定公听罢，如梦初醒。不再跟任何人讨论，立刻就任命孔子为大司寇。只不过，孔子最终也未能帮助鲁定公削弱三桓的势力，反而因三桓的排挤，不得不离开鲁国。如此看来，三桓或许的确不是胆小的狐狸，反倒真是凶恶的老虎呢。

1　三桓，即当时把持鲁国朝政的三大家族。

强大的失败者

南宫适问于孔子曰："羿善射，奡荡舟，俱不得其死然。禹稷躬稼而有天下。"夫子不答。南宫适出，子曰："君子哉若人！尚德哉若人！"

——《论语·宪问》

Nangong Kuo asked, "Yi was skillful at archery, and Ao mastered warship driving, but neither of them died a natural death. Yu and Ji personally wrought at the toils of husbandry, and they became the possessors of the Empire." Confucius made no reply; but when Nangong Kuo left, he said, "What a wise and good man he is! How much he honours moral worth in what he has said!"

注　释

南宫适：字子容，孔子弟子。

羿：上古时期有三个羿，一个是射日的羿，一个是帝喾时期的射师，一个是夏朝时有穷国的国君。此处的羿便是最后一个，据说羿善于射箭，热衷打猎而荒于朝政。最终被手下寒浞杀害并篡位。

奡：据说为寒浞之子，力大无穷、善于水战。但最终被少康所杀。

稷：帝喾之子，据说是教授百姓农耕技术的圣人。

译　文

南宫适问孔子："羿擅长射箭，奡善于水战，但却都不得好死。禹、稷亲自种庄稼却得到了天下。（这是为什么呢？）"孔子没有回答。南宫适出去了，孔子说：“君子啊，南宫适这个人；尚德啊，南宫适这个人！”

解　字

085 俱

俱，我们既可以把它当作形声字，也可以把它看作会意字。因为它字形中的“具”，肩负着表音与表意两项重任。具，在甲骨文中，是双手托起一尊鼎的样子。仓颉以此来表现布置祭坛、筹备祭祀活动的动作。“具”的本义，便是陈设、摆放。

祭祀对古人而言，是一年当中最重要的活动。主祭人在准备礼器时，必定会多次检查，确保一件都不能少。因此，“具”又演变出了齐备、完整的引申义。

而“俱”，在“具”的边上另加了一个人，便特指人到齐了，大家一起协同做事的意思。

这一则中，“俱不得其死然”的“俱”，则表示“都”。羿和奡都是勇武过人的英雄，但最终却不得好死。反观禹和稷，乍看来并没有什么本事，不过种地挖渠而已，却反而被百姓拥戴为天子。南宫适问：这是为什么呢？

孔子笑了笑没有作答。为什么孔子不回答呢？南宫适的问题本身，就是最好的回答啊。

说 词

俱乐部

俱乐部，是明治维新时期，日本人对英文 club 的翻译。在英文中，club 专指一种组织。这一组织成立的目的，就是定期聚拢一群人，让他们一起做一些快乐的事——可以是读书，可以是打球，也可以是摄影。只要能让大家快乐，就是一个合格的 club。如此看来，俱乐部一词实在是翻译出了 club 的精髓。难怪我们毫不客气地秉持“拿来主义”，也在中国用起了这个词。

公文的编写流程

子曰："为命，裨谌草创之，世叔讨论之，行人子羽修饰之，东里子产润色之。"

——《论语·宪问》

Confucius said, "In preparing the governmental documents, Bi Chen would sketch out the draft; Shi shu would examine and discuss its contents; Zi Yu, the manager of foreign affairs, would polish the style; and, finally, Zi-chan from Dong Li would give it the proper elegance and finish."

注　释

裨谌：郑国大夫。

世叔：名游吉，郑国大夫。

行人：外交官。

子羽：名公孙挥，郑国大夫。

东里子产：东里，是子产的故乡。子产，郑国宰相。

译　文

孔子说："（郑国如果）要撰写一篇外交公文，必须先由裨谌写草稿，再让世叔提意见，后让外交官子羽修改，最后让东里子产润色文字。"

解 字

086 命

在甲骨文中，“命”与“令”是同一个字，它们都以一个跪坐在屋顶下，发号施令的人作为形象。后来，为了强调这个人亲自指挥的动作，后人又专门在屋顶下另加了个“口”字，以凸显他只用动嘴而不需动手的权威——这就是“命”字的起源，其本义为指派、派遣。

后来，“命”由派遣引申出了任务、使命的含义。而使命又是艰巨且崇高的，往往要耗费人的一生去践行。因此，“命”又衍生出了性命、生命的意思。

在这一则中，“为命”之“命”，指的是政府文书、外交辞令。在一个文明国家，政府命令可再也不能像“命”字的字形所示那样，单靠高居庙堂的领导者动动嘴皮便可下达。通过郑国写一篇外交文书的流程就可发现他们对“命”的谨慎与敬畏。

首先，让最有谋略的裨谌创作草稿，裨谌足智

多谋，能够判断一件事正确的发展方向。随后，让世叔为草稿提意见。世叔心思细腻，能够发现别人所忽视的细节问题。第三步，让子羽结合世叔的意见对草稿进行修改。子羽知晓各国贵族之间的恩怨关系，又熟识每人的尊卑贵贱。因此他改过的稿件不会有任何礼节上的错漏。最后，再经由宰相子产润色文字，一篇外交文书才算最终完成。

正是这样一个复杂且略显繁琐的流程，才体现出了“命”的高贵。

说　词

天命

孔子说：“君子有三畏，畏天命，畏大人，畏圣人之言。”天命，即上天所下的命令，也就是上天的旨意。孔子在落魄时，常常思考天命的问题。一方面，他认为是上天命他肩负起“人能弘道”的大任——毕竟，假如天要断绝人类的文明，又怎会让他学到已沉寂数百年的周公之礼呢？但同时，现实中的处处碰壁又让他不断怀疑：既然上天让我肩负起这一重任，却又为何从不让我成功呢？

或许，大道的价值，从不在于践行它会获得成功。而在于明知它会失败，却仍有无数仁人志士将其作为自己毕生的追求。知其不可而为之，或许这才是天命对孔子的安排吧。

087 论

要解释“论”字，我们必须先认识它右边的“仑”。仑，繁体字写作“侖”。上为“亼”，下为“册”。古代的书都由一片片竹简组成，把它们用绳子穿起来，就成了册。而“册”之上的“亼”，则由表示屋顶的“人”和表示绳子的“一”组成。其所代表的，是“高束焉，庋藏焉”这两个动作。先用绳子把书册捆好高高吊起，再把它们藏于家中。因此，“仑”其实就是整理、归类的意思。

明白了“仑”，再来看“论”字，那就简单很多了。论，就是整理整理语言，让语言有条理的意思嘛。

与之类似，伦理的“伦”，是要理清人与人之间的关系；而“之子于钓，言纶之绳”的“纶”，则是要理清缠在一起的钓鱼线。至于车轮的“轮”，那也得先排列好每一根车辐，确保其间距与长短能够围成一个正圆，才能拼出一个“轮”来。

说 词

论语

学会了“论”字，再来看《论语》这本书的书名，其含义显而易见。《论语》，便是将孔老师所讲过的话语收集整理而成的一本书。孔子去世后，他的弟子从各地赶来为老师守丧。一日为师，终身为父。按照当时的规矩，父母死后，子女要为父母守孝三年。孔子的弟子也用对待父亲的礼节为孔子守三年之丧。守丧期间，同学们你一言我一语，讲述着老师生前对大家的教诲。最终，这些回忆经过整理编辑，就成了我们现在读到的《论语》。

孝悌也者，
其为仁之本与？

孝悌是仁之本

有子曰："其为人也孝弟，而好犯上者，鲜矣；不好犯上，而好作乱者，未之有也。君子务本，本立而道生；孝弟也者，其为仁之本与？"

——《论语·学而》

You-zi said, "They are few who, being filial and fraternal, are fond of offending against their superiors. There have been none, who, not liking to offend against their superiors, have been fond of disturbing the peace and order of the state. A wise man devotes his attention to what is essential. That being established, all practical courses naturally grow up. Filial piety and fraternal submission, are they not the root of all benevolent actions?"

注 释

有子：姓有，名若，字子有，孔子弟子。

弟：同"悌"，弟弟敬重兄长曰"悌"。

译 文

有子说："如果一个人，他能够孝顺父母、尊敬兄长，（有这样品质）还喜欢冒犯上级的人，那是很少的。如果他不喜欢冒犯上级，却喜欢反叛作乱，那这种人是根本没有的。君子致力于做根本性的事情，根本树立了，那么处世之道自然也就培育出来了。孝与悌，这二者应该就是'仁'的根本了吧？"

088 犯

犯，在古文字中的写法非常生动。左边是一只飞跃而起，呈进攻姿态的恶犬，右边则是一个跪坐在地上的人。“犯”字所展现的，正是一个可怜人被凶猛的恶犬攻击的情景。由此，“犯”有了侵犯、冒犯的意思。

有子在此处说：“其为人也孝弟，而好犯上者，鲜矣。”孝悌之人一定不会犯冒犯上级的错误。在我们的日常工作和学习当中，的确有上下之别，师生之序。学生必须敬重老师，下级也必须尊重上级。可即便如此，有子显然也把上下之间的尊卑关系看得太重了。事实上，内心的尊敬，与现实中的冒犯并不矛盾。子路就曾经问过孔子：“老师，我如果去当官的话，该怎么侍奉君主呢？”孔子回答他：“勿欺也，而犯之。”如果国君有什么错失的话，你不要怕得罪他，不敢跟他指出，一定要大胆冒犯他，直言劝诫，令他改正。孔子、有若，一师一徒，可对“犯上”却有完全不同的见解，难道可以因此就说有子的观点是对老师的一种冒犯吗？

古希腊的亚里士多德曾说："吾爱吾师，但吾更爱真理。"或许这才是一种更为正确的"犯上"态度吧。

孔子去世后，孔子的众弟子因为有子长得跟孔子很像，便都想尊他为老师，跟他继续学习。可是没过多久，他就因德不足以服人而退下"神坛"。从这则《论语》中，我们便可看到有子与孔子的差距所在，有子相比老师孔子，其所学还是不够扎实。他只看到了表面上的礼数，却没有摸透礼的根本。过度强调表面之礼数，除了会让居于下位者自取其辱以外，更会使人与人之间的关系变得更加虚伪。

说 词

犯上作乱

犯上作乱，便是出自这一则《论语》的一个成语。在有子看来，只有心怀"作乱"之心的人，才会有"犯上"之举。受他的这一思想影响，后世君王对于臣子的"忠"与"敬"之要求一代更严过一代，这从上朝时君臣所处的位置与状态便可看出：从春秋时期的分庭抗礼，到宋朝的君坐臣立，再到明清时期大臣一个个跪在地上自称"奴才"。

事实上，"犯上作乱"一词，从根本上就是荒谬的。毕竟，绝大多数的"犯上"行为，正是出于对"上"的敬意。孟子曾经在齐国做官，享有很高的俸禄，但他却天天像老师训斥学生一样指责齐宣王。为此，很多孟子的朋友都有些看不下去，都劝他对齐宣王宽容一些。但孟子却说："你们之所以对齐王宽容，实质上是因为你们内心瞧不起他，觉得他的能力不过如此，没有什么进步的空间了。可是在我眼里，齐王是一个有尧舜之才的明君，所以我才要用尧舜之道去要求他。我对他的批评，才是我比你们都更尊敬他的表现啊。”

解　字

089 务

务，其实是一个形声字。它的繁体字写作“務”，其中“敄”字表声，“力”字表意。二者相合为“務”，表示尽全力去做一件事情的意思。所谓“君子务本”，便是指君子致力于根本性的东西。在有子看来，仁的根本，便是孝、悌二字。一个人的仁心，首先出自对父母的孝心与对兄长的敬意。只有首先对父母兄长有了情谊，才有可能对其他人怀有仁爱之意。孟子说：“老吾老以及人之老，幼吾幼以及人之幼。”其实说的也是这个意思，仁心的培养，总得先从爱自己身边的人开始。

说 词

任务

任务，是指一个人所接到或主动担负起的一项职责。任，本义是抱起；务，则是尽自己全力去做的一件事。认准一件必须全力以赴的事情，且在完成之前心无旁骛，便是“任务”二字之含义。

最难的孝

子夏问孝。子曰："色难。有事，弟子服其劳；有酒食，先生馔。曾是以为孝乎？"

——《论语·为政》

Zi-xia asked what filial piety was. Confucius said, "The difficulty is with the countenance. If, when their elders have troublesome affairs, the young take the toil of them; and if, when the young have wine and food, they set them before their elders, is this to be considered filial piety?"

注　释

先生：此处指长辈。

馔：吃喝。

译　文

子夏问孝，孔子说："子女在父母面前，能一直保持和颜悦色实在太难了。遇到事情晚辈效劳，有酒菜让长辈吃，难道这样就算是孝了吗？"

解　字

090 难

难，因为它在字形中有一个"隹"字，所以有学者估计它最早是一种鸟的名称。但是，这种鸟后来或者走向了灭绝，或者被人改了名。总之，随着历史的发展，“难”再也没有作为一种鸟类的名称而存在，反倒是成了“易”的反义词，表示不简单、有难度的意思。

至于“色难”，便是指色之难——孔子感叹：能够时刻对父母保持和悦的神色，真的是一件很难做到的事情啊。作为子女，能做到出行的时候帮父母拎包，遇到美食请父母先品尝并不算难事。孔子说：“至于犬马，皆能有养。不敬，何以别乎？”孝敬父母，不能简单地以是否供养父母作为标准。毕竟，家里养的小狗小猫，我们也同样给吃给喝，那能说我们也是在孝敬小狗小猫吗？孝的关键，是在于供养父母时发自内心的敬意。喂猫喂狗，我们心里其实是一种由上观下的俯视心态。但对于父母，却是一种自下而上的谦卑与感恩之情。有了这样的情感，才能时时满怀喜悦地去奉养父母。

当然我们也不必为“色难”而有过度的压力——毕竟连圣人都说这事难以做到。如果真的与父母发生了争吵，也不必太过惭愧。只需反躬自省，若是自己有错，那应当主动向父母承认；如果是自己受了委屈，也不要藏在心里，不如等双方平静之后，去找父母解释清楚，一同解开心里的疙瘩。

说　词

难能可贵

难能可贵，最早出自苏轼的《荀卿论》这篇文章，苏轼说：“子路之勇，子贡之辩，冉有之智，此三子者，皆天下之所谓难能而可贵者也。”子路的勇敢，子贡的口才，冉有的智谋，这三位孔门弟子的本领，全天下人都认为是难以企及的，正因如此，才凸显出他们三位人才的宝贵。由此，诞生了“难能可贵”这样一个成语，用以表示某人能做到众人认为极难做成的事情，他的品质或能力非常宝贵的意思。

交往的原则

子夏曰："贤贤易色；事父母，能竭其力；事君，能致其身；与朋友交，言而有信；虽曰未学，吾必谓之学已矣。"

——《论语·学而》

Zi-xia said, "If a man withdraws his mind from the love of beauty, and applies it as sincerely to the love of the virtuous; if, in serving his parents, he can exert his utmost strength; if, in serving his country, he can devote his life; if, in his communication with his friends, his words are sincere, although he says he is uneducated, I will certainly say he is educated."

注 释

贤贤：第一个"贤"为动词，表示尊崇；第二个"贤"为名词，表示贤德这种品质。

译 文

子夏说："（一个人，如果选妻子时）看重品德而看轻容貌；侍奉父母能尽心尽力；侍奉君主愿意献出生命；与朋友交往，说话诚实守信。（那这样的人，）即使他说自己没有学习过，我也一定说他是学习过的。"

091 易

易，在最开始并没有容易、交换这些意思。在甲骨文中，“易”是一个象形字。它所画的其实是一只蜥蜴的模样。而其本义，便专指蜥蜴这一种爬行动物。不过，这一本义的存在时间并不太长，随着历史的发展，人们总会遇到字不够用但又懒得造新字的情况，此时人们就会使用假借或是形声这两个偷懒的方法。

如果一个字原有的本义非常重要，那人们就会选择形声的方式来造新字。比如抗拒的“拒”、清澈的“清”，都是给原字添上一个偏旁部首造出来的形声字。可如果一个字的本义并不那么重要，它的字形就很容易被别的字给借走。易，便属于这后一种情况。

古人在写作的时候，常找不到一个字来表示交换、简单这两个含义。但在讲话的过程中，人们在表示交换这个意思的时候，总是会说：“来，我们 yì 一下。”而在表示一件事非常简单的时候，也会说：“嘿！容 yì！”就因为这一读音上的相近，“易”字便被顺理成章地借了过来。以后，人们再写文章，就能够顺利地写“以物易物”，再不会有无字可用的情况发生了。而至于“易”的本义，人们当然也不能亏待，于是便在“易”字的边上另加了个虫字旁，新造出了个“蜴”字，供其使用。

此处，“贤贤易色”之“易”，取其引申义，表示看轻、不重视的意思。对于“贤贤”，则一直以来都有两种解释，其一是说娶妻，要重德不重色，要看内在美，少看外在美。其二则认为是指尊敬贤人的意思，与娶妻无关。因为孔子曾说过：“吾未见好德如好色者也。”我这一辈子，就没见过能用爱美女的劲头去爱贤德之人的人。而“贤贤易色”正好把孔子所批判的现象给反了过来——我们要尊敬贤人，轻视美色，不断提高内心的修养。

这两种说法都有一定的道理，其本质思想也并无太大的区别。好色，是人的本性；好德，却非经后天学习培养不可。若真能像好色一样去好德，那一定是“吾必谓之学已矣”了。

说　词

容易

容易，现在常用来表示一件事情简单、没有难度，做起来也不费事。在前一则中，我们学到了“色难”一词，你仔细瞧瞧，有没有发现色难与容易倒是一对反义词呢？明朝时，有一位大文学家叫解缙，著名的《永乐大典》就是由他主编的。有一天，明成祖要考考他的才学，便问道：“《论语》中有一句‘色难’，你能给它对一个下联出来吗？”解缙想都没想，就直接答道：“容易！”明成祖等了半天，见解缙并不讲话，又疑惑地问道：“既然你觉得这题目简单，为什么还不作答呢？”解缙说：“我不是已经回答过了吗？‘容’对‘色’，‘易’对‘难’，‘容易’对‘色难’。”成祖这才恍然大悟。

解　字

092 竭

竭，左边是“立”字，右边是“曷”字。曷，在读作 hé 的时候，有怎么能、岂能的意思；读作 è 的时候，又有停止、止息的意思。如此看来，把“立”“曷”二字相结合，“竭”字的意思就是：站到根本停不下来。非得把力气全部用完，才能坐下来休息。因此，“竭”便有了用完、用尽的含义。

子夏说：“事父母，能竭其力。”侍奉父母，能够尽自己的全力即可。孝顺父母，未必一定要通过给父母买大房子、让他们享富贵来表现。古人有一句话：“百善孝为先，论心不论迹，论迹贫家无孝子。”评判一个人是否孝顺，并不是看他能做到什么，而是要看他愿意做什么。如果非得以让父母锦衣玉食作为评价一个人是否孝顺的标准，那么贫寒人家哪还有孝子呢？野菜粗糠，若是全力挣得的，亦是侍奉父母的一顿佳肴。因此，不必苛求大富大贵，只要不让父母为自己操心，竭尽自己所能地赡养父母，这便算是孝了。

说 词

竭泽而渔

竭泽而渔，是一种非常愚蠢的做法——把河里的水全部抽干，这样就能直接去干涸的河床上捡鱼，多么方便！这次捕鱼的确是满载而归。可下个星期再来呢？河都不见了，哪里还能再捕到鱼呢？孟子说：“数罟不入洿池，鱼鳖不可胜食也。”每次捕鱼的时候不要用太细密的网，这样小鱼小虾就能逃走得以长大。这样做虽然每次都会少捕几条鱼，可长远来看，只有这样才能确保长久有鱼鳖可吃。因此，凡事都必须有度，若只顾眼前利益而做事无所节制，那其结果一定是得不偿失。成语有言，细水长流，便是此意。

解 字

093 致

致，与我们之前所学的“故”字很像。故，其实源于“古”字。而“致”，也源于“至”字。至，在甲骨文中所描绘的是箭

射到目标的场景。以此来表示到达、送达的意思。而“致”，便是给“至”字加上了反文旁，其在含义上与“至”并无太多的区别。只不过在用法上有所差异，“致”常用在更为正式的场合，一般用来指代更为抽象的概念。比如，“致意”一词，便是指将抽象的善意传达给对方。

子夏说：“事君，能致其身。”这个“致”便将送达的含义又提升了一层，引申为奉献、贡献。在封建时代，事君与爱国是二元一体，不可分割的。身为士大夫，爱国当然是义不容辞的职责，因此必须做到“能致其身”。

说 词

致仕

致仕，我们可不能把它当作“至”仕去理解，以为是去当官的意思。事实上，这个“致”是表示交还的意思——致仕，也就是指要把官职交还给国家，要退休了。以此来看，“致”的确是一个非常有趣的汉字。它既可以指获得一样东西，比如我们常说的“格物致知”，就是指通过研究事物来获取知识；同时，它又可以指交还一样东西，比如这里所说的“致仕”。同一个字，竟可以用来表示两个完全相反的意思，这也算是汉字的有趣之处吧。

当仁，不让于师

子曰："当仁，不让于师。"

——《论语·卫灵公》

Confucius said, "When the question is one of morality, a man need not defer to his teacher."

译　文

孔子说："面对仁德，即使对老师，也不必谦让。"

解　字

094 当

要了解"当"字的起源，我们首先要把它还原成繁体字。在繁体字中，"当"写作"當"，由"尚"字与"田"字组成。而其中的"尚"字，既表音，又表意。尚，在古代有居于上位的意思。既然要分出上下，自然就暗含着相互比较的意味。孟子说："今天下地丑德齐，莫能相尚。"如今每个诸侯国，国土大小、君王的能力都差不太多，并没有谁比谁强的说法。在这句话中，"尚"字就有相互比较之意。如此看来，尚田为"当"——比一比两块土地，感觉它们的价值差不多，这就是"当"字的起源。由

此，“当”有了对等、相当的含义。

而从这个“当”字，也演变出了一个行业——典当业。在古装剧中，我们常能在闹市区看到门口高高挂着一个“当”字的商铺，这便是当铺。急需用钱的可怜人怀揣着家中的物件，拿去抵押给当铺，当铺的掌柜在一番仔细地比较、估计与讨价还价后，给顾客借出一笔与物品价值并不相当的钱款。鲁迅笔下的阿 Q，每到开春都穷得饿肚子，所以只能把冬天的棉衣拿去抵给当铺换钱。

当铺，虽然其名字里有个“当”字，可主人与顾客之间的地位却并不对等。鲁迅幼年就常出入当铺，当铺的伙计每每坐在高高的柜台里，低着头瞧着站在地上，矮矮的鲁迅。鲁迅踮着脚呈上家中的宝贝，换取一笔并不可观的小钱，以此买药为父亲治病。可最终，却只是家也空了，父亲也走了。

说 词

当仁不让

当仁不让，便是来自这一则《论语》的一个成语。“当”的本义，前文有述，是指经过比较认为二者价值相当的意思。那么，要进行比较，其前提条件是让被比者与评判者见上面。

由此，“当”引申出了面对、碰面的含义。“当仁不让”中的“当”字，便是此意。

在面对仁德的时候，即使遵守仁德要违背师长的意愿，也不可迟疑。《荀子》中有言：“传曰：‘从道不从君，从义不从父。’”说的也是这个道理。

孝之礼

孟懿子问孝。子曰："无违。"樊迟御，子告之曰："孟孙问孝于我，我对曰：'无违。'"樊迟曰："何谓也？"子曰："生，事之以礼；死，葬之以礼，祭之以礼。"

——《论语·为政》

Meng Yizi asked what filial piety was. Confucius said, "Do not fail in what is required of you." Afterwards, as Fan Chi was driving him, Confucius told him, "Meng Sun asked me what filial piety was, and I replied, 'Do not fail in what is required of you.'" Fan Chi asked, "What did you mean?" Confucius answered, "That parents, when alive, should be served according to propriety; that, when dead, they should be buried according to propriety; and that they should be honoured according to propriety."

注　释

孟懿子：名何忌，谥号懿，鲁国大夫。

译　文

孟懿子问孝。孔子说："不要违背（礼）。"（有一天，）樊迟为孔子驾车，孔子告诉他说："孟孙向我问孝，我回答说，'不要违背（礼）'。"樊迟说："（老师）说的是什么意思呢？"孔子说："父母活着，以礼去侍奉他们；他们死了以后，也要以礼去安葬他们，祭祀他们。"

解　字

095 御

在甲骨文中，“御”字的造型非常形象。它的左半部分是一支马鞭，右边则是一个坐在车上的人。如此便清晰地展现了其本义——驾驶马车。后来人们为了追求字形的美观，又专门给它加上了代表道路的“彳”与代表前进的“止”，最终形成了现在的“御”字，颇有多此一举之嫌。

|甲

在古代，驾车是贵族必须掌握的一项技能。孔子就曾打趣地说：“执御乎？执射乎？吾执御矣。”假如我得靠一门手艺去谋生，我是去驾车呢？还是去射箭呢？我还是去驾车吧。据说，孔子非常擅长驾车，他带着弟子周游列国的时候，就由他负责驾车。

如果你有幸能向孔子学习，那么驾车也是必修的科目之一。孔子对弟子传授“六艺”，也就是礼、乐、射、御、书、数这六种技能。御，便是其中之一。有专家考证，在当时要想拿到一张驾照可并不容易。御的考试中，有一科叫作“逐水车”。即考生须沿着弯曲的河岸急速行驶，要求紧贴河岸之曲线边缘，车轮还不可沾水——沾水便是不及格。

说　词

御风而行

普通人御车而行，神人当然要和普通人不一样，所以他们御风而行。庄子讲过一个故事：有个神人叫作列御寇，经过多年的修炼，他终于拥有了驾驭风的能力，他可以迎风而起，在天上飞整整十五天都不用休息。落地之后，也依然不紧不慢，气定神闲。普通人要费劲走上一天的路，他只用几分钟就能飞到。在众人看来，列御寇实在是本领高超。但庄子却并不羡慕他——列先生不是跟我们一样，还是对这个世界有所依赖吗？我们如果想跑得快，得依赖一匹千里马，而列御寇如果想飞得快，没有一阵疾风也是做不到的。如此看来，我们不过是百步与五十步的差别，大家离真正的自由还都差得远呢。

生命的重担

曾子有疾，召门弟子曰："启予足！启予手！《诗》云：'战战兢兢，如临深渊，如履薄冰。'而今而后，吾知免夫！小子！"

——《论语·泰伯》

When Zeng Zi was ill, he called to him his disciples and said to them, "Uncover my feet; uncover my hands. It is said in The Book of Poetry*:*

Walk with fear and with trembling
As on the brink of a gulf;
For the ground you are treading
Is with thin ice covered above.

But now, my young friends, I shall from henceforth be free from this burden."

注　释

启：本义为打开，此处指掀开被子看。

译　文

曾子生病了，召集他的弟子们来说："看看我的脚！看看我的手！（它们都完好无损。）《诗经》上说：'战战兢兢，就像站在深渊旁，就像走在薄冰上。'从此以后，我知道（这一漫长的保护自己身体不受损伤的人生就要结束了），我便可以免于担忧了！弟子们啊！"

096 足

要解释“足”字，我们首先得回溯到之前学过的“止”字。我们知道，“止”的本义是脚，可后来却被停止这一解释给抢去了字形。或许正是在“止”的意思由“脚”向“停止”演变的过程中，“足”字诞生了。足，其实就是在“止”字的头上多加了一个“口”字，至于其含义，则跟“止”的本义一样，都指代脚。如此看来，“足”很有可能在是“止”字被假借之后，人们新造出来的一个替代品。

可是，同它的前辈一样，“足”字后来也难逃被假借的命运。足够、满足这些含义都盯上了“足”的字形。或许是因为人们对“止”字被抢走还抱有愧疚之情，所以并不好意思再让“足”换个长相，便只得让它一个字兼两个含义，既可以表示脚，又可以表示满足。

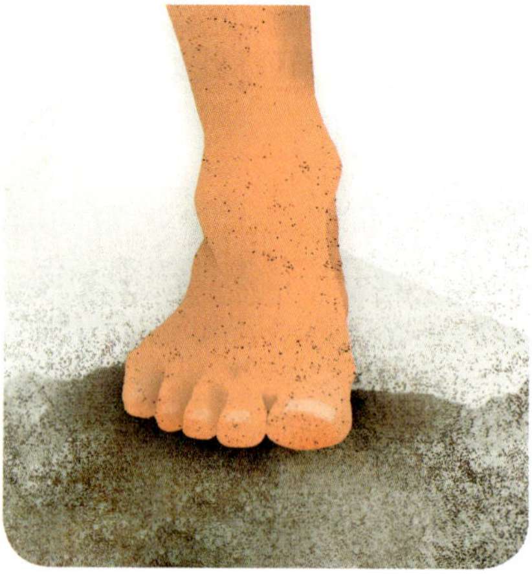

此处，曾子之所以让弟子好好看看自己的手和脚，是因为他有“身体发肤受之父母”的观点，每个人的身体都是来自父母的馈赠。因此，能够在一

生当中，保持身体不受伤害，完好无损，也是一种尽孝的表现。

说 词

足下

足下、阁下、殿下、陛下，都是古时对他人的尊称。所谓足下，便是指跟别人谈话时，我不敢直视你的眼睛，所以就看着你的脚讲话就好。一般用来指代自己的朋友或与自己地位相当的人。当然，这样的讲法有过度夸张的成分——谁会跟自己朋友讲话的时候盯着别人的脚呢？至于阁下，则是指地位高于自己的人，意思是我站在你的楼阁之下；而殿下，一般专指王子、公主，也就是我只配站在你们的宫殿之下；最后，陛下，则只能用来称呼皇帝，皇帝龙椅之下的台阶，其专业术语叫作“陛”——陛下一词便由此而来。

解 字

097 云

“云”字的演变历程非常有趣，折腾了几千年，最终又回到了最初的模样。在甲骨文中，“云”是一个象形字，它所画的，就是一朵高悬在天空被吹出了气旋的云。但是后来，它的字形却被别人给借走了。或许古人对圣人的话语非常看重，有了“曰”字仍不满足，非

要再把“云”字借来不可。于是，“云”字便失去了自己的本义，而专指说的意思。所谓“子曰”“诗云”，都是古人引用孔子之言和《诗经》时必用的语汇。

当然，对于天上的云彩，古人也并不怠慢。想必当时人们已经知道了雨是来自云的科学道理，于是给原本的“云”字顶上另加了个“雨”字，造出了“雲”字，专指云朵。新中国成立后，政府推行汉字简化改革，“雲”字终于摘下了头顶的大帽子，又回归到了它最初的字形——云。

说　词

云泥

所谓的云泥之别，很像上一则中所讲的列御寇与普通人之间的区别。列御寇御风而行，在云彩中拖曳出一道尾迹；普通人御车而行，在泥泞中留下两行车辙。一个高高在上，一个曳尾涂中。当然，云泥之别倒未必限于不同个体之间的比较。《红楼梦》中说晴雯“心比天高，身为下贱”，同一个人，内心高贵，志在云端，但无奈身份卑微，如泥土般被人踩在脚下——云泥之别，集于一身。虽然晴雯的命运最终以悲剧收场，但也因她身处卑贱而不猥琐，仍能眼望天空，坚持自我的高贵，我们才知道了：云即使化作雨落入泥中，它也依旧能浇灌出一朵美丽的芙蓉。

解　字

098 临

临，在甲骨文中的造型非常有趣。首先在地上画上几个不知为何物的器皿，再在右边画一个弯着腰，瞪大着眼睛仔细观瞧它们的人——以此来表示从高处向下看的意思。直到现在，我们还有一个常用的词语——居高临下，其中的“临”字仍然保留着它最初的本义。

后来，这一实际的高度差异，渐渐也扩展到更为抽象的地位上的高低。“临”字因此引申出了上级监视下级的含义。再到后来，这一位置高低上的差异也逐渐不再重要，于是，“临”又演变出了面对、临近等新的引申义。

在这一则中，“如临深渊”的“临”，其实便是指靠近的意思。在曾子看来，要在一生当中保护身体不受损伤，就像贴着悬崖的

边缘行走，稍有不慎便会跌落其中。当然，此处的“临”在表示靠近的同时，也暗含着居高临下之意——临深渊者一定是得站在悬崖顶端的。如果他已然身在谷底，那么即使离悬崖峭壁再近，也都不会有任何掉下去的隐患了。

说　词

临时

临时，便是指正好碰上了一个关键的时间点。可能在这个时间点我们突然遇到了一件急事，所以只好跟朋友道歉：“抱歉抱歉，我临时有事，今天不能参加聚会了。”也有可能是在这个时间点公司突然接到了一笔订单，所以必须火速招聘一批临时工。如此看来，临“时”所遇的，都是一件件棘手之事。临“时”，其实也就是临“事”——孔子教导我们：“临事而惧，好谋而成。”遇到突然发生的事情不要惊慌，好好谋划，总能将其克服。

父母在，不远游

子曰：“父母在，不远游；游必有方。”

——《论语·里仁》

Confucius said, “While his parents are alive, the son shall not go abroad to a distance. If he does go abroad, he must have a fixed place to which he goes.”

译　文

孔子说：“父母在世，（最好）不要离家远游；（即使远游，）也必须有确定的方向。”

解　字

099 远

远，是一个形声字。起初，它写作“遠”，以“袁”字表音；汉字简化之后，它改写为“远”，用“元”字表音。但无论哪一种写法，它都有一个走之底，以此来表示它与行走相关。远，其本义便是走了很久的路，到了一个离起点距离非常远的地方。

在古代，交通与通信都很不便。若要远游，那可能是几个月甚至一年都收不到家里的任何消息，父母若有急事，则很难通知到远方的游子。更令父母担心的是，游子往往居无

定所，四处漂泊，根本不知家信该寄往何处。以周游列国的孔子为例，早上他还在朝堂上与齐景公侃侃而谈，中午就突遇变故，必须离开齐国，连刚下锅准备做饭的米都来不及捞出来就踏上了征程。更有一次，已颠簸多日的孔子本以为即将进入楚国的地界，一心要在楚国实现自己的政治抱负，满怀期待结果却被陈蔡两国的军队围困于荒野之中，断粮七日。周游列国十四年，受尽颠沛流离之苦的孔子，最终意识到，对一个人最重要的，其实还是自己温暖的小家。所以他说道："父母在，不远游。"

说 词

远水不解近渴

远水不解近渴，这个俗语的含义从其字面意思就能理解。庄子曾经讲过一个故事，让这个俗语变得更为生动：

有一天庄子走在大街上，突然听到一阵呼救，四处观瞧，才在一条即将干涸的车辙中看到了一条鲋鱼。鲋鱼的腮拼命地一张一合，努力地在一汪浅水中呼吸。它对庄子说："我是东海海神的臣子。你能不能倒一杯水给我，让我活下去呢？"庄子说："可以啊，不过你得等我一下，我去南方帮你游说吴王和越王，让他们动用全国的劳工，从西江挖一条运河引水过来救你，你觉得如何？”鲋鱼倒也十分幽默，它说：“你的计划倒是很好，只不过等你从吴国回来的时候，我可能已经被腌成鱼干上市销售了！”

宏大的许诺，总是听起来令人感动。但只有快干死的鲋鱼，才能体会到其中的虚假。

解　字

100 方

《说文解字》中说：“方，并船也。”“方”字，最早是对两艘并在一起的小船的象形。远古时代，人类的造船技术还不发达，很难造出体型够大的船只。因此，在运输重物时，只能将两艘小船并在一起，当作一条大船来用。

或许是两艘并在一起的小船俯视看来很像一个长方形，所以“方”便有了“方形”的引申义。而船也必须有确定的方向，才能出发前行。因此，“方”又演变出了方向、方位的含义。

此处，孔子说游子“游必有方”，也是说游子如果万不得已必须远游，也应当让父母知道自己出行的方向，并按时给父母写信，告知自己的方位。

说 词

方便

方便，现在常用来表示便利、不费事的意思。但是这个词语，最早却是个佛教用语。方，指方法；便，指便利、便易。方便，则是指简单的、便易的方法。有些佛教的信徒认为，大彻大悟的境界，一定要通过艰辛的苦修与高深的教诲才能达到。但另一批佛教徒却持相反的观点，他们说，即使是用“方便”，也就是最简单、最普遍的方法，也能够理解佛教的精髓，毕竟条条大路都能通向罗马。如此，“方便”一词便成为了正式、严谨、保守的反义词，并由一个佛教的专业术语渐渐演变为了现在的含义。

见义需勇为

子曰："非其鬼而祭之，谄也。见义不为，无勇也。"

——《论语·为政》

Confucius said, "For a man to honour a spirit which does not belong to him is flattery. To see what is right and not to do it is want of courage."

注 释

鬼：人死后的魂灵为鬼，此处指死去的祖先。

译 文

孔子说："不是自家的鬼神却要去祭祀，是谄媚。见到该做的事却不去做，这是没有勇气。"

解 字

101 为

甲

为，在古代的写法非常复杂，要解释它的起源，我们还是得仔细研究研究它的甲骨文字形。在甲骨文中，"为"的上半部分是一只手，下半部分是一头大象。它所展现的，便是牵着大象外出劳作的场景。古代人们的科学技术并不发达，从事重体力劳动的时候，就只

能求助于牛、驴、骡子等牲口的帮助。而“为”字则比众人又高出了一个档次——牵着大象去干活，不但效率更高，也更有派头。因此，“为”字的本义与人类早期的劳动息息相关，像种植、制作、建造都可以用“为”来表示。

本则中，“为”则泛指一切人类的行为。只要是符合“义”的事情，就应当去做。对学生而言，最合乎“义”的便是好好学习；对成人而言，最合乎“义”的则是认真工作。所谓的见义勇为，未必一定得是火场救人、擒拿小偷这些我们在媒体中看到的英勇壮举。能从自己的学习和工作做起，从做好自己的本职工作做起，也是一种“义”的表现。而做好它们，看似简单，其实还需要更大的勇气呢。

说　词

无为

我们常说，以孔孟为代表的儒家思想，是一种积极的思想，他们倡导有为；而以老庄为代表的道家思想，则是一种出世的思想，倡导无为。但这一观点对“无为”二字却有一些误解。所谓的“无为”，并不是指什么事都不做，而是不去做需要强求的事情。举个例子，每到冬天，家里的长辈都会觉得你冷，非得逼着你穿上秋裤，这就是一件需要强求的事情，也就是老庄所说的“有为”。同样是穿秋裤，如果这次是由于你自己怕冷，主动从衣柜里翻出秋裤来穿上，那便是一种自然的状态，也就是“无为”了。在老庄看来，即使是出于善意的强求，也是一种刻意人为的表现，而“人”字与“为”字相合——则成了“伪”。不强求别人做事，也不强求自己做事，这才是真正自由的“无为”状态。